「自分史」を書く喜び

書き方・まとめ方・味わい方

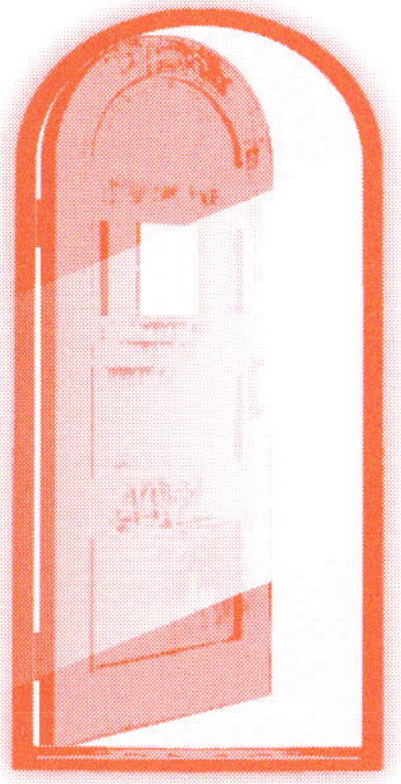

NHK文化センター講師
「主婦の友」元編集長
藤田敬治 著

出窓社

はじめに

「自分史」を書く人が増えています。急速に高齢化が進む日本の社会で、自分の生きた証《あかし》を記録したい、生命あるうちに何かを書き残しておきたいと考える人が大勢いるのは当然のことですし、めまぐるしく変貌を遂げる現代にあって、この不透明な時代を生きた自分とは一体どういう存在だったのか、ちょっと立ち止まって考えてみようとする人がたくさんいるというのもうなずけることです。

特に昭和という時代、日本人は国ぐるみで未曾有の体験をしました。そのため個人としてはどうにもならない運命の渦に巻き込まれ、稀有な体験をした人も少なくありません。戦争や敗戦・戦後の体験のように、なんとかして風化させず後世に伝えたいものも数多くあります。価値観の違う次世代の人たちに自分が生きた時代のことを知ってほしいと願う人も多く、「自分史」を書く理由も、材料も、山のようにあるのが現代だといえるでしょう。一方、戦後の日本社会をリードしてきた団塊の世代の人たちも、今や一役終えて人生の総括期を迎えようとしており、激動の時代を生き抜いた自分の足跡を記録として残そうと考える年齢になりました。

最近では歴史の掘り起こしも盛んで、時代や国の内外を問わず、さまざまな人が書いた「自分史」的な資料が発見・公開されて、史実の検証や時代考証などにも大きな役割を果たしています。自分を語ることは、自分が生きた時代を語ることでもあるのですから、後世の史家たちが現代の日本を研究する際には、今日の「自分史ブーム」による記録や資料に助けられるところが大きいかもしれません。

私も平成六年の四月から、ＮＨＫ文化センターで「自分史を書く」という講座を担当しています。最初は不安げな顔つきで取り組んだ受講生たちが、それぞれ苦労しながらも、めきめき腕をあげて個性豊かな「自分史」を完成していくのを見ていると、この仕事をお引き受けしてよかったと、つくづく思います。

また、近年、人間の脳に関する研究が進むにつれ、若さや元気を保つには脳の活性化が何よりも大事だということがわかるようになり、「自分史」を書くことが、その観点からも見直されています。「自分史」作成の作業は、昔のことを思い出す、忘れていた過去の記憶をよみがえらせる、曖昧なことを調べて正確な知識にする、自分という人間について考える、そしてそれを表現する……と、どれをとっても人間の脳を刺激し、活性化する作業ばかりだからです。そのため最近では、各地のカルチャーセンターや高齢者センターでも「自分史」の講座が開かれるようになり、私もいろいろな所で多くの方々の自分史作りのお手伝いをさせていただいています。本書は、それらの講座でお話ししたことを中心に、初心の方向きにまとめてみました。

「自分史」は誰にも書けます。けっして特別な才能のある一部の人にしか書けないといったものではありません。文章表現は、正確で、わかりやすいものであればよく、そんなに凝ったものである必要はありません。

そして何よりも大切なこと、自信を持ってほしいことは、あなたの「自分史」は、あなたでなければ書けない、ということです。世界中の誰よりも、あなたのほうがよく知っているあなた自身のことをあなたが書くのです。少なくともこのテーマに関しては、あなたこそ第一人者なのですから、臆することなく、堂々と取り組んでほしいと思います。本書がそのお手伝い役を果たすことができて、世界にたった一つしかない、ただ一度のあなたの人生を記録した、素敵な「自分史」が誕生することを願っています。

なお、本書中に例文として引用した文章は、ＮＨＫ文化センターの講座「自分史を書く」と主婦の友文化センター「文章添削上達講座」の受講生たちが書いたものを、ご本人の了解を得て掲載しました。

「自分史」を書く喜び◆目　次

第一章　三浦綾子さんの場合と体験手記のこと

林田律子のペンネームで

「朝日新聞」の一千万円懸賞小説『氷点』でデビューし、世評の高い名作の数々を世におくり出した作家・三浦綾子さんの話から始めましょう。

昭和三十七年（一九六二年）の「主婦の友」新年号には、同誌が募集した「愛の記録」第一回入選作として、林田律子という主婦の「太陽は再び没せず」という作品が発表されています。当時、私はこの雑誌の編集者として予選の下読みを担当していましたが、デスクに山のように積み上げられた応募原稿の中でも、この作品は最初からキラリと光るものを持っていました。

新郎は三十五才、新婦の私は三十七才、ともに初婚。それだけでも世の常の若人の結婚とは異なったものを人々は感じたにちがいない。

「病めるときも健やかなるときも汝妻を愛するか」

牧師の言葉に、彼は深くうなずいた。純白のウェディングドレスに身を包んだ私は思った。これは、健康人がなすべき誓いではなかろうか。かつて一度も健康な私の姿を見たことのない彼は、どんな想いでこの誓いにうなずいたのであろうかと。

ベッドのかたわらに便器をおき、ギプスの中に仰臥する私をはじめて見舞ってくれた日の彼の、すがすがしい瞳の色を私は思った。

この結婚式の場面から始まる四百字詰原稿用紙五十枚の作品は、愛と信仰が織り成す、ちょっと不思議な記録でした。結核で療養生活を送る筆者・林田律子は、やはり結核を病む幼馴染みの恋人・松宮達夫に導かれてクリスチャンになりますが、彼は手術後に亡くなってしまいます。その一年忌も過ぎた頃、キリスト教の交友誌に載った手紙が縁で亡き恋人にそっくりの林田満という青年が現われ、二人は愛し合うようになります。

林田さんは、ある日、私にこうささやいた。

「ぼくの気持ちは、単なるヒロイズムや、一時的な同情ではないつもりです。私は律子さんの、涙に洗われた美しい心を愛しているのです」

私はこたえた。

「私はこのとおりの病人なのですよ。愛してくださっても、結婚はできませんわ」

彼はささやいた。

「治ったら結婚しましょう。治らなかったら、ぼくも独身で通します」

私は、彼の言葉に心動かされた。しかしただ一言、正直にいっておかなくてはならぬことがある。

「私はそれでも、達夫さんのことを、忘れられそうにありませんわ」

「もちろんですよ。あの人のことを忘れてはいけません。あなたは、あの人にみちびかれて、クリスチャンになったのです。私たちは、あの人によって結ばれたのです。律子さん、私たちは、達夫さんによろこんでもらえるような二人になろうではありませんか」

林田さんの目は涙で光った、私はそっと林田さんの手をとった。

「神さま、聖旨《みこころ》のままに。どうぞ私たちの愛を清め、高めてください！」

手と手がにぎり合わされて、ひそかな祈りの言葉が二人の唇から流れた。

こうして内容をご紹介してくると、「あら、それなら三浦綾子さんの自伝『道ありき』にそっくり」と言われる三浦文学ファンの方があるかもしれません。そう、この応募原稿「太陽は再び没せず」は後の『道ありき』の原型となった作品であり、林田律子は当時、旭川で雑貨屋を開いていた結婚三年目の主婦・三浦綾子さんのペンネームだったのです。

「愛の記録」の入選に力を得た三浦さんは、それから二年後には初の小説『氷点』を書き上げ、作家としてデビューします。「愛の記録」以来のご縁により、『氷点』に次ぐ小説の第二作『ひつじが丘』も「主婦の友」に連載していただきましたが、「主婦の友」編集部では、さらにそれに続いて「太陽は再び没せず」を原型とする詳細な自伝、つまり「自分史」の連載をお願いしました。

こうして実現したのが、今日、三浦さんの代表作として多くの人々に読み継がれている『道ありき(青春編)』(昭和四十二年新年号〜四十三年十二月号)です。「主婦の友」には続いて『この土の器をも(道ありき第二部・結婚編)』(昭和四十四年九月号〜四十五年十二月号)、『光あるうちに(道ありき第三部・信仰入門編)』(昭和四十六年新年号〜十二月号)と連載を続けていただき、いわゆる自伝三部作として完成、刊行され、いずれもロングセラーになっています。

「体験手記」は断片的「自分史」

三浦綾子さんの原稿に限らず、婦人雑誌の編集者としては、読者から毎日寄せられる「体験手記」の中に忘れがたい原稿が多くあり、そのことはこれから「自分史」を書こうと思っておられる方々にも参考になることを含んでいるように思いますので、そのことに触れておきます。

私は雑誌「主婦の友」の編集者として約三十年を編集の現場で生きてきました。最初の十年を記者として、次の十年をデスク・副編集長として、しめくくりの十年を編集長として過ごしましたから、この間、有名無名を問わず多くの方々にお会いして、その人柄に触れ、いろいろなお話を聞くことができました。それは私にとって何ものにもかえがたい宝であり、今も私の記憶の引き出しには硬軟とり混ぜさまざまのなつかしい顔があふれています。

と同時に、私のもう一つの引き出しには忘れがたい原稿の数々が詰まっています。むろんホテルに缶詰めにしたりして苦労して獲得した人気作家の原稿などもありますが、大部分は読者から寄せられた、いわゆる「体験手記」と呼ばれる原稿です。

「主婦の友」という雑誌は、創刊以来、一貫して読者の中にテーマを求め、読者とともに記事を作ることを特色にしてきました。「体験手記」はいわば創刊以来のお家芸なのです。この特色は、今日なお後輩たちに引き継がれて生き続けていますが、記者時代に明けても暮れても「体験手記」の応募原稿の山と格闘した思い出は忘れられません。私に婦人雑誌の編集者としての基礎を教えてくれたのは、こうした読者からの原稿であったような気さえしています。

むろん、これらの原稿は文章としては不備な点が多く、記者はその添削役も仰せつかるわけですが、内容的には、どんなテーマの場合にも精一杯生き、真剣に生活と取り組む庶民の生きざまが書かれていて目を開かれる思いがし、時には感動で身がふるえるような経験もしました。なぜあんなに感動したのだろう、と考えてみると、今にして思い当たることがあります。

それは読者の「体験手記」とは、実は読者の「自分史」の一部だった、ということです。あれは世の荒波と戦い、真剣に生活と取り組んでいる読者が、自分の現在や過去について率直に語った断片的な「自分史」だったのです。読者がぶつけるように書いた事実の強さ、体験の迫力が、編集者を圧倒したのだと思います。

文章表現上の多少のキズくらいは問題にならぬほどの迫力をもって赤裸々に事実を語るとき、それがいかに人を感動させるものであるか、という教訓は、そのまま、これから「自分史」と取り組もうとしておられる方々に知っておいてほしいことです。

自分が体験し、見聞した事実を等身大の文章で率直に語るとき、大きな感動が生まれるのです。けっして自分を偉く見せようとか、美しく飾ろうとしてはいけません。背伸びして書かれた文章は読む人を辟易《へきえき》させますし、その前に書き手自身が苦しくなって、書き通すことが困難になってきます。

三浦綾子さんは、著書『命ある限り』の中で「自伝というものはむずかしいものである。書くことによって必要以上に自己を顕示する結果になることもあれば、書かないことによって、ある意味で自己顕示をしてしまうこともある」と言っておられます。三浦さんほどの人がありのままに書いてさえ、こうした自戒の言葉が出るほどですから、「自分史」がうっかりすると自慢話や自己陶酔の文章になりやすいものであることも心にとめてかかる必要がありそうです。

第二章　まず「自分史ノート」を作ろう

書き慣れた人は習作を一つ書いてみる

さて、「自分史」を書く作業は、どこから、どのように始めたらいいのでしょう。三浦綾子さんのように、これまで歩んできた自分の人生を振り返ってみて、最も印象に残っていて忘れられない体験や事件、いちばん大切と思われる時期（青春、結婚前後、全盛期、伴侶との別離の時期……）などをテーマにして、習作をまず一つ書いてみるというのも一つのやり方です。

現に私の講座でも、最初に「自分史」が完成したときの形を想定し、その中で最も強調したいと思う部分を四百字詰原稿用紙十枚から二十枚程度の作品にまとめ、ここで文章表現上の問題点をチェックするとともに「自分史」執筆の自信をつけて、それから本格的な作業に着手し成功している人も少なくありません。

しかし、これは文章を書くことに多少自信のある人や書き慣れている人の場合、またはそばに指導者がついているときにはよい方法ですが、これまで何十年もの間、あまり文章を書いたことがなかったというような初心者の場合には、この習作の段階で早くもつまずき、自信をなくしてやめてしまうというのもよくあることですから、一概にどなたにもおすすめできる方法とは言えません。「自分史」といっても、さまざまな形のものがあれば、その制作過程も多種多様です。最初に自分の誕生から現在に至るまでの年譜をきちんと作成し、これにより年代を追って几帳面に書き進める人もありますし、逆に全体の脈絡というようなことはあまり考えず、思いついたところからさっさと書き始めて、それでもちゃんと成功してしまう才能に恵まれた人もいます。

特に、「自分史」だから作業の手順はこうでなければならぬ、という決まりがあるわけではありませんが、私は初心者でも途中で混乱したり挫折したりすることが少なく、また完成に至るまで効率よく作業を進める一つの方法として、まず年表スタイルの「自分史ノート」を作ることをおすすめしています。

ノートの一～二ページを一年に見立てて

「自分史ノート」といっても、別に難しいものではありません。要は「自分史」を書くのに役立つ「メモ」と「下書き」と「年表」を一つにしたようなものと考えてください。したがって、自由にメモや下書きを記入できる特大の「年表」があれば、それで代用してもいいのですが、「自分史」というのは作業が進むにつれ、あれやこれやと書いておきたいことが出てくるものですし、またそれをぼんやり見過ごさずに書きとめておくことが大切なのでノートにまとめておくのがいちばん便利だということです。

まず文房具屋さんへ行って、厚めのノートを一冊買ってきてください。そしてその一ページを一年分に見立てて、自分の生まれた年から現在までの年数を各ページごとに振っていきます。

たとえば昭和十年生まれの人だったら、最初のページに「昭和十年（一九三五年）」、次のページに「昭和十一年（一九三六年）」というように。年数は「明治」「大正」「昭和」「平成」の年号によるものと西暦の両方を書いておいたほうがいいでしょう。もし一ページ一年分ではスペースが足りないと思ったら、見開き二ページを一年分に当てればいいのですが、そうなるとノートは一冊では足りず、二冊、三冊になってしまうかもしれません。

また、誕生から現在までの年数を振ったページの前後に何ページかずつのスペースを取っておくと、誕生前のこと（先祖や両親、兄姉のことなど）やこれからのことも必要に応じて書き加えることができます。

曖昧なことは調べて正確に

ここまで準備ができたら、手始めに最初の年のページに「×月×日、○○県○○市○○町×丁目××番地にて誕生」と自分の誕生を記録します。

続けて、最初は履歴書のようになってもかまいませんから、それぞれ該当する年のページに「×月、○○小学校入学」「×月、父の転勤により○○県○○町○○小学校へ転校」「×月、○○小学校卒業」……「×月、○○株式会社入社、○○課に配属」と、よくわかっていることから記入していきます。

わかっているつもりのことの中にも、曖昧なこと（たとえば自分が生まれた場所の町名・番地など）があったら、この機会に調べて、正確なものを書いておきましょう。

学校や仕事のことばかりでなく、「×月×日、○○氏夫妻の媒酌により、○○大学の後輩だった○○と結婚」「×月×日、長男○○誕生」「×月×日、○○に初めて家を新築し転居」……と人生の大事と思われることをどんどん記入していきます。

仕事用の履歴書ではなく、あくまでも「自分史」用の資料なのですから、できれば学校関係のことでも「×月、担任の○○先生、転勤でお別れ。皆、しばらく勉強が手につかぬほどショックだった」など、少し細かいメモや感想も書き込んでおきます。結婚にしても、ただ「○○氏夫妻の媒酌により結婚」だけでなく、「○○氏、初めての仲人であがってしまい、新婦の紹介をとちって、大人にたしなめられる」など、思い出したことがあったら、メモとしてちょっと書き添えておくと後で思わぬ役に立つことがあります。

社会的な事件や世界の情勢も、「東京大空襲」「終戦」「ケネディ大統領暗殺」「東京オリンピック」「ニューヨーク世界貿易センタービルに旅客機が激突」……のように大事件や自分が特に強い印象を受けたことなどは年月を確かめてメモしておくと、それに関連して書いておきたい自分のことや身辺のことが浮かんで来たりして、ひとつスケールの大きな「自分史」が期待できるかもしれません。

この時点までにわかっていること、思い出したことを一応書き終えたら、これで第一段階の作業は終わりです。このノートが「自分史」作成の作業の原点になります。

「自分史」づくりのシンクタンク

第二段階の作業は、この「自分史ノート」をつねに手元に置き、何度も見直し、読み返しながら、自分の半生について記憶の糸をたぐって考える習慣をつけることです。

そして何かの拍子に思い出したことや「自分史」の中に書いておこうと思いついたテーマがあったら、そのつど、該当する年のページに書き足していきます。つまり、この一冊の中に「自分史」の素材やテーマになるものを、思い出し、思いつくたびに全部仕込んでおくのです。

例えば、小学校時代の六年間・六ページの中には、幼馴染みのAちゃん、Bちゃん、Cちゃんのことや初恋の淡い記憶のメモがあったり、人によっては空襲・戦災、そして終戦の日のことが書きとめられているかもしれません。

内容によって、これは項目やメモにするだけでは足りないと思ったら、ちょっとした短文のようなものを小さな文字でノートの端っこに記しておいてください。そんな思いつきのような短文から、「自分史」の中の大事な一章やエッセーの名品が生まれることはけっして珍しいことではありません。

だんだん細かいことを記入するようになると、わからないことや疑問のあることも多くなってきます。そのつど、調査し、資料に当たって、内容をできるだけ正確なものにしておくことが大事ですが、なかには少し時間をかけて調査したり、時には現地に出向いて取材をしなければならないようなことも出てくるでしょう。

また、本格的に「自分史」を書き始めてから気づいたり思い出したりすることもあるはずです。ですから、この「自分史ノート」は「自分史」が完成するまで、未完のままで、どんどん書き足されながらつねに筆者の傍らにあることになります。

そして筆者は、このノートに書き込まれた多くの素材や項目によって自分が書こうと思う「自分史」のテーマや内容を比較的容易に得ることができるはずです。具体的にいえば、ある年のこの思い出は、自分の人生の中で大きな意味を持つものだから、これで一つの章を設けて文章にしようとか、このメモの部分を取り出して一編のエッセーを書こうとか、あるいはこの項目とこの項目は一つにまとめて書いたほうが説得力のあるものになりそうだとか……このノートはさまざまの貴重な示唆を与えてくれるでしょう。

「自分史」を書くという作業は、いわば自分自身を再発見し、見直しをすることでもあります。したがって理想をいえば、「自分史」には自分の記憶の中から自然に引き出せるものと意識的に再発見し見直しをするものの両方を書いておきたいのです。

そのためには、この年表スタイルの「自分史ノート」をいつもそばに置いて、これに仕事のこと、プライベートなこと、印象に残っている大事件・小事件、気づいたこと、思いついたこと、再発見したことなど、「自分史」の中で核になると思われる事項をどんどん書き出し、書き足していけば、それはやがて「自分史」執筆の資料集として、また企画ノートとして大きな力を発揮し、「自分史」全体のプランづくりの決め手ともなって、貴重なシンクタンクの役割を果たしてくれるでしょう。また、「自分史」に年譜を添えたい場合には、むろんこのノートから、すぐに年譜を作成することもできます。

第三章　「自分史」いろいろなまとめ方

「自分史ノート」が充実してきたら、次の段階として「自分史」をどうまとめるか、を考えなければなりません。ひと口に「自分史」といっても、内容も様々なら形式もいろいろありますから、自分の場合には、どれがいちばん適切であるかを判断して決定します。

通常、「自分史」には次のようなまとめ方があります。

①自伝としてまとめる

福沢諭吉の『福翁自伝』やウィンストン・チャーチルの『わが半生』のように、自分が生まれてから今日までの歩みを語ったり書いたりしたものが自伝（自叙伝）で、最もオーソドックスな「自分史」といえます。

自分の誕生あたりから書き出すのが普通ですが、誕生以前（先祖や親のことなど）や特にある時期から筆を起こす場合もあります。また、終わりも普通は現在までを書きますが、時には金婚式まで書いて筆を置くとか、区切りのいい所で第一部を終了させるというようなこともあります。

一般的には、自分の半生の歩みを時代を追って順々に書いていきますが、時には回想場面など、意識的に時代を遡《さかのぼ》って記述したり、淡々と書き進めながらも印象的な事件や体験の場面には大きく起伏をつけて変化を持たせる……など、いろいろ工夫しながら書き進めます。いわば「自分の半生記」という長編を一つ仕上げるわけですから、着手から完成まで、かなり根気のいる作業と覚悟してかかる必要があります。書き続け、書き切る持久力が勝負どころです。

②事件や体験の記録としてまとめる

自分の半生のすべてを書くというのではなく、半生の中で遭遇し体験した事実や出来事のいくつかを取り出して、それについて記録を残すという方法です。

主婦の友社の私の先輩である川島倉次さんは、太平洋戦争中に特攻隊の仲間を見送った体験と、戦後、主婦の友社の社員として北海道出張中に洞爺丸《とうやまる》事故で上司を亡くした体験の二つだけにしぼって書き、「自分史」のコンクールに入賞されましたが、これなどは多分に時代の証言者としての役割を意識して書かれた「自分史」といえるでしょう。

ただし、このような場合の事件とか体験とかは、必ずしも誰もが知っている大事件や大事故に限るものではなく、一般的には些細な小事件であっても、それが筆者にとって、筆者の人生にとって大きな意味合いを持つものであれば、充分「自分史」の素材になると考えるべきです。「自分史」は、そうしたいわば「私的な大事件」をしっかり書き込んでいくことに意義があるのですから、通り一ペんの外見や常識だけで判断するのでなく、筆者が自分自身に問うて、書ける素材であるかどうかを判断してほしいと思います。

③エッセー集としてまとめる

あまり形式や作法にとらわれず、テーマや長短も自由で、折にふれ気ままに書くことのできるエッセーは、自分自身を語り、身辺の出来事などを綴るには、最も適した文章のスタイルと言えるでしょう。

自分が書きたい、書いておきたいと思うことから、自分なりの文章と方法で、ともかく書き出せばいいのですから、上手は上手なりに、下手は下手なりに、自分の文章でエッセーを書くことは誰にも可能です。

こうして書きためた作品を年代順に並べたりテーマごとにまとめたりしてエッセー集にすれば、それはそのまま「自分史」になりますから、比較的苦労が少なく誰にもできる「自分史」づくりとして、これは大いにおすすめしたい方法です。

ただし、エッセー集という以上、一編一編のエッセーはそれぞれ独立した作品、つまり短文として完結したものでなければなりませんし、それぞれが傑作、名品とまではいかなくても、せめて読んだ人になにがしかの感動や余韻を与えるようなものであってほしいのです。

とすると、これはもうエッセーにはピンからキリまであるわけですから、せめてキリでないピンに近いエッセーを狙ってほしい。ということは、文章の勉強、特に短文を書く勉強のすべてが、これに絡んでくるわけですから、よい文章を書くための工夫や努力をできるだけ積み上げて、「自分史」的なエッセー集が一冊できたら、おかげで普段の文章力まで見違えるほど進歩した、というくらいのところまでいってほしいものです。

自伝を書くには持久力が必要なのに対して、エッセー集としてまとめるためには、手塩にかけた一編一編のエッセーを光り輝くものにする、きめ細かな文章のトレーニングが決め手になることを忘れないでください。

④何人かの「文集」としてまとめる

一人で「自分史」をまとめるのでなく、気の合った友人や同好会の仲間、志を同じくする人たちなど、何人かで「自分史」的な文章を書き、「文集」としてまとめるという方法もあります。事前に、ある程度テーマを統一しておけば、まとまりのいい文集になりますし、逆に思い思いのテーマで書いてバラエティーに富んだものにする、という手もあります。

仲間さえ揃えば、気軽に、そう苦労することなくできますし、もう一つ規模を大きくすればクラス・学年・学校単位の文集などにすることもできます。私が卒業した都立北園高校（旧・都立九中）では、かつて二期の卒業生による『入学五十周年記念文集「激動の半世紀」』を刊行しましたが、八十名を超す同期生たちがそれぞれ一ページずつ「自分史」のハイライトシーンを語って、なかなか読ませるものになっています。

⑤誰かに宛てた書翰《しょかん》の形でまとめる

文章を書くのが苦手という方の中にも、手紙なら比較的楽に書ける、とおっしゃる方は多いものです。

だったら、誰かに宛てた手紙文、つまり書翰の形で、その人に向かって語りかけるように「自分史」を書いてみたらどうでしょう。親として次の時代を背負う息子や娘へ、夫から苦労をかけた妻へ、あるいは心の友や師に宛てて……というように現存する人に宛てて書くのも結構ですし、亡き母へ、幼くして逝った我が子へ……のように、亡くなった人への鎮魂の意味合いをこめて書くこともあります。受講生の佐塚昌人さん(第十一章で紹介)が夫人を亡くされてからの身辺のことや旅行記を「邦子への手紙」として書き続けておられるのなどは、その一例です。また、やはり受講生の小杉正孝さんは仕事の関係で海外駐在が長かったのを生かし、現地から日本の友人・知人に宛てた手紙を整理して、『オハイオ短信』『バンコク短信』(手紙による我が家の記録)を小冊子にまとめられました。

ちょっと変わったケースとして、歴史上の人物や物語のヒロインに宛てた書翰体の文章を読んだことがありますが、フィクション風になりがちで、あまりおすすめはできません。もっとも、小説には昔から「私小説」とか「書翰体小説」という分野があって、田中英光の『オリンポスの果実』のように一部事実にもとづいたラブレター小説の傑作などもありますが、これは「自分史」の範疇《はんちゅう》とは別個に考えるべきでしょう。

それより「自分史」としての手紙文は、むしろエッセーの一形式と考えたほうがいいと思います。「自分史」の全文を書翰体で通したのでは単調になりそうだとか、手紙文は相手が現存するのでテレ

府中市生涯学習センターで「自分史」について語る著者

くさくて書けないという方には、全体をエッセー集としてまとめ、その中のある部分、または何編かを書翰体で書くことをお勧めします。

⑥日記としてまとめる

古くは紀貫之の『土佐日記』から樋口一葉の『日記』や永井荷風の『断腸亭日乗』、古川ロッパの『昭和日記』、山田風太郎の『戦中派日記』など、日記文学の傑作といわれるものは枚挙にいとまがありません。

もっとも、作家の日記などの中には、あらかじめ発表を意識して書かれたものもあるようですから、そんな場合には書かれている内容がそっくりそのまま事実というわけでもないようですが、一般の人の場合には日記は事実を書くものですから、当然、「自分史」と重なる部分をたくさん持っています。

つまり昔から「日記」をつけている人は、「日記」

という形で毎日「自分史」を書き続けてきたとも言えるわけで、きちんと整理して記述された日記だったら、それをそのままか、若干手を入れて整理するだけで、「自分史」として発表することができるわけです。

また、自伝やエッセーの要所要所に日記の文章の一部を抜粋して使うのも効果的ですし、もっと広い意味では「自分史」を書き進める作業の中で、曖昧だった事実関係を確認したり、記憶の誤りを正したりする重要な資料として日記は役に立ちます。

つまり日記があれば「自分史」作成の労力は大幅に軽減されますから、若い方たちや、年配の方でも今後あるいは晩年について「自分史」パートⅡをまとめようと思っている方は、今日からでも早速、日記を書く習慣をつけるべきです。

⑦作品集（詩、短歌、俳句など）としてまとめる

幼い頃から現在に至る体験や所感をうたった詩や短歌、俳句などの作品集も、広い意味では「自分史」の領域に入れてよいでしょう。

作品を年代順に整理して一冊にまとめれば、読む人は作者の成長や変遷の跡を読み取ることができますし、作品にそれを作った当時の自分に関する一文を添えたりすれば、さらに自分史的な色彩の濃いものになります。

後ほど「自伝」をご紹介する受講生の加藤国男さん（第八章で紹介）は、精力的に散文で「自伝」や「エッセー」を綴ると同時に、これまで折にふれ作ってきた短歌を年代順に並べて「歌集」も編纂され

ましたが、「こうして集めて並べてみると、これはこれでもう一つの『自分史』になっていることに気づき、驚いています」と語っておられます。

⑧年譜・年表としてまとめる

自分の半生を年代順に記録した「年譜」や「年表」を作成し、これをベースにして「自分史」をまとめる方法です。

まず誕生から現在に至る大事・小事を第二章（まず「自分史ノート」を作ろう）で述べた要領で、年を追って書き出していきます。そしてこれに記憶力と資料を総動員して、できるだけ多彩な短文やメモを添えていくのです。ここでどれだけのものを添えることができるかが、年譜・年表を生彩ある「自分史」にするか、平凡な履歴書に終わらせるか、の分かれ道になります。

なお、既にできかかっている「自分史ノート」は、内容的には、これとほぼ同じものですから、最初から年譜・年表を主にしてまとめるつもりであれば、「自分史ノート」を充実させて、それをそのまま本にすればよく、市販の『自分史年表』などを使えば、さらに手軽に「自分史」をまとめることができます。このことについては、後でもう一度、説明します（第十二章「年譜の作り方と『自分史年表』の薦め」）。

⑨写真集やイラスト集の形でまとめる

最近では、写真やイラストを「自分史」の中でカット風に使用するだけでなく、むしろ写真やイラストを主にして「自分史」を作る人もふえています。

自分の赤ちゃん・幼児の頃の写真から始まるフォト「自分史」、生まれ育った土地や家を被写体にした「ふるさと」写真集、得意のイラストを駆使して半生を描く「自分史」画集……など、いろいろあります。いずれの場合も、むろん写真だけ、イラストだけでなく、キャプション（説明文）を添えるのが普通ですが、さらにひと工夫して（見開きごとに一枚の写真と小エッセーで構成するなど）、写真・イラストと文章の相乗効果で、読んで楽しく見て楽しい「自分史」に仕上げるケースもあります。

府中市生涯学習センターでの受講生・森山レイ子さんは、得意の絵と書《しょ》を生かし、和紙の巻紙に自分の赤ちゃん・少女時代の「自分史」絵巻を書き上げて受講生仲間をあっといわせましたが、それはそのまま戦時下の生活の真実を子供の目でとらえた貴重な記録になっています。

⑩口述筆記やビデオ、テープレコーダーでまとめる

お年寄りの一代記を「自分史」風のものにまとめてあげるようなときは、話を聞き、書き取って、まとめる方法、つまり口述筆記によるのがいいでしょう。

何よりも相手に対する愛情と根気のいる作業ですが、かけがえのないものを記録して残す意味合いは大きく、後になって「やっておいてよかった」と思われる方が多いようです。聞き書き、一人語

り、対話体などの形でまとめますが、語り口や話し言葉、方言などを生かしてまとめると語り手がさらに身近に感じられるものになります。

また、ビデオやテープレコーダーで子供の発育・成長を記録したり、結婚式の披露宴で新郎新婦の幼い日の姿や声をご披露したりするのは最近では当たり前のことになってきましたが、それと同じように半生を生き抜いてきた自分たちの姿を記録しておこうと、日常、ビデオやテープレコーダーを手にする年輩のご夫婦なども見かけるようになりました。

語り口を生かすため、「自分史」の内容を一度テープに吹き込んでから文章にする人もあれば（自伝の項にあげた『福翁自伝』も、実は福沢諭吉が速記者を前に語ったものに充分に手を入れて成ったものです）、「自分史」の本にビデオや録音テープを付録のようにしてつける人もあり、映像や音による「自分史」や「家族史」の制作は、今後ますます盛んになるに違いありません。

このように「自分史」のまとめ方はいろいろありますが、その中で最も一般的なものといえば、やはり「自伝」か「エッセー集」ということになるでしょう。私の講座でも、受講生の大半が、このどちらかの形を選んで自分の半生を記録する作業を進めています。

第四章　自伝として書くなら

全体の構成を書き出してみる

「自分史」を自伝(自叙伝)として書く場合の手順と注意事項について説明します。

まず手順としては、「自分史ノート」に展開されている自分の半生を俯瞰《ふかん》して、全体の構成(組み立て)と規模(原稿枚数、本にしたときのページ数など)について考えてみます。最初からきっちり微に入り細にわたった構成が見えてこなくても、がっかりすることはありません。まだ先は長いのですから、最初はむしろ大づかみにとらえて、だんだん細かいところにまで及んでいくようにします。

「自分史ノート」を何度も見直し、読み返して、なんとか行けそうだな、という見通しがついたら、そこで一度、全体の構成を具体的に書き出してみます。大筋としては誕生から現在に至るまでを時間の流れにのせて書くことになりますが、どこからどこまでを一つの章にまとめるか、どこで切るか、単独の話で一章を設けるか……など、「自分史ノート」に書き込まれた雑多な項目、メモ、短文によって「自伝」一冊の内容を組み立ててみるのです。

しかし、まだこの段階では、コンテは大まかで粗削りのものでかまいませんし、内容の説明も自分でわかりさえすればいいのですから、きちんとした言葉や文章になっていない、メモ程度のもので結構です。これから原稿を書き進めていく中で、おそらく修正したり、前後を入れかえたりする必要がたびたび生じてくるはずですから、ここは一応スタートライン用の基礎コンテくらいのつもりで作業に着手してください。

サンプルを一つ考えてみましょう。

「自伝」の構成（例）

［四百字詰原稿用紙約二五〇枚］　（平成××年中に完成予定）

①誕生と東京・下町での幼年時代……………………［二〇枚］（平成××年三月中）
・べえごま、めんこ、チャンバラごっこに夢中のガキ大将だった。
・とんぼや蝉もたくさんいた。あの頃の東京には、まだ原っぱがあった。
・楽しかった思い出、遊びのことを中心に書く。

②○○国民学校入学から学童疎開まで……………［三〇枚］（平成××年五月中）
・仲良しだった○○ちゃんのお父さんの戦死。遺骨を迎えた日のこと。
・学童疎開先、○○県○○町○○寺での生活。
・東京の家、戦災にあう。父も母も無事でよかった。

・疎開先での淡い初恋のことも書くか？

③終戦、帰京、新制中学の頃……………………………［三〇枚］（平成××年八月中）

・中学時代、ちょっとぐれそうになったことも。

・焼け跡で裸一貫から再出発した父・母の苦労。

・軍国教育から民主教育へ。教科書に墨を塗る。

・昭和二十年八月十五日の記憶。

④定時制高校時代と仕事へのきっかけ…………………［二〇枚］（平成××年十月中）

・高校での恩師、F先生のことをしっかり書く。

・先生のお世話で、仕事への道が開けたことへの感謝。

⑤妻との出会いから結婚まで……………………………［三〇枚］（平成××年十二月中）

・出会いの日のこと。詳細に。

・障害の数々。一つ一つ解決してゴールインできたときの感激。

・四畳半一間から始まった新生活。

⑥長男誕生、一念発起してマイホーム建設に着手………［二〇枚］（平成××年二月中）

・×年×月、〇男誕生。難産だったが、びくともせぬ妻を見直した。

・×月、家の新築を計画、ローンを組む。
・×月、わが家が完成。晴れて一国一城の主となる。

⑦思いもかけぬ会社の倒産、その後の試練……………………〔三〇枚〕（平成××年五月中）
・倒産の経緯。今でもわからぬことだらけだが……。
・人情は紙より薄し。友人たちも去り、苦労の数々。
・一時は一家心中まで考えたが……。
・そんな中で忘れられないM氏の温情。

⑧再起までの道程と妻への感謝……………………〔三〇枚〕（平成××年八月中）
・また一から出直しだと、M氏の紹介で新しい仕事を始める。
・夜は夜警の仕事をして、人の倍働くことを自分に課す。
・妻もパートに出て家計を助ける。
・×年×月、ついに全借金を返済。

⑨人生後半と銀婚式のこと……………………〔二〇枚〕（平成××年十月中）
・仕事も軌道に乗り、やっと運が向いて来た。
・○男、結婚。しっかり者のいい嫁さん（嫁自慢もちょっぴり書き込みたい）。
・銀婚式の後、夫婦で初の海外旅行。ギリシャでの失敗も……。

⑩人生こそ最大の教師……………………〔二〇枚〕（平成××年十一月中）
・自分が人生から得たと思うことを遺言のつもりで率直に書く。
・人生の恩人たちへの感謝（F先生、M氏……）。
・そして何よりも妻がいたから、いい人生だったと思う（結び）。

＊原稿を通読し、手直しして完成……………………（平成××年十二月中）

原稿枚数や進行スケジュールも考えて

これは私があるモデルによって机上で考えた架空の事例にすぎませんが、おおよそこんな要領で「自分史ノート」から内容を書き出してみると、自分の考えている「自伝」全体の姿が、かなりはっきり見えてくると思います。

この事例では、誕生から現在に至るさまざまな内容が、ほぼ均等に、時の流れにそって順序通りに組み立てられていますが、内容によっては、もっと強弱・長短をつけたり、順序を変えたりして構成することも考えられます。

また、文章としても起伏をつけて書こうと思うときは、この段階で盛り上げるところ、流して書くところの見当もつけて、ちょっとメモを書き込んだりしておけば、原稿にするとき役に立ち、効果的な文章に仕上げることができます。

こうして全体の形を決めると同時に、おおよその規模も念頭に置いてスタートしましょう。事例に示したように、各章ごとに大体、原稿用紙何枚くらいの原稿にするかを決めていき、そうすると全体としては原稿用紙何枚（あるいは本にして何ページ）くらいのものになるな、と見当をつけておきます。さらに余力のある人は、本にするなら写真やイラストは入れるか、年譜はどうするか、本はどの範囲の人にまで読んでもらうか……など、考えながら作業を進めます。

また、「自伝」の場合には全体が一貫した作業になりますから、時間的にも、思いついたとき勝手に気の向いた章を書くというのではなく、大体の進行スケジュールを事前に決めておきましょう。事例の中にも予定として書き込んであるように、どの部分をいつ書いて、いつまでにどこまで仕上げ、最終的には、いつ完成――と、目標を決めて進行します。

むろん目標通りに進まなくても、投げ出してしまわないこと。「自分史」を書くことは自分自身との闘いでもあり、そう生易しいことではありませんが、そのかわり絶対にやり遂げるという強い意志さえ失わなければ、誰にも必ず達成できる夢なのですから。

こうして書き出した構成内容の説明文は、やがて「自伝」が完成した暁には、表現を充分に工夫して各章のタイトル（見出し）にし、本の「目次」にしていきます。つまり先の事例でいうと、次のような目次ができることになります。

目次（例）

一、原っぱではオレが大将だった
二、山間のお寺へ学童疎開

三、教科書に墨を塗って民主教育がスタート
四、真っ当な生き方を教えてくれたF先生
五、新生活は四畳半一間でも楽しかった
六、晴れて一国一城の主となる
七、一転！　一家心中まで考えたあの頃
八、ついに全借金を返済
九、運は人生の後半にやって来た
十、わが人生に悔いなし

このように「目次」にするところまで考えて、再度、全体の構成を見直してみると、この章は少し内容を欲張りすぎていて、とても予定の枚数では書き切れないな……とか、逆にこれでは内容が貧弱すぎて一つの章をもたせるのは無理ではないか……とか、この章とこの章は入れ替えたほうがいい……とか、改めて気づくことも多いはずですから、それに従ってコンテの手直しを行なってください。

こうして最初は大まかなものであった「自伝」一冊の構成を、徐々に詳細で現実的なものにしていきます。「自伝」という家一軒を建てるためには、まず設計図の図面をきちんと引くことが大切なのです。

第五章　エッセー集にするなら

勝手気ままに書くだけでは駄目

エッセーは本来、形式にとらわれず、何をどのように書いてもいいものですが、だからといって、ただ自然にまかせ、思いつくままを勝手気ままに書き散らしていけば、それでよいものができるかというと、むろんそんなわけはありません。

「文章を書く」ことは人間の意志に基づく意識的な行為で、最小限「何を書くか」というテーマの設定と「わかるように書く」という文章表現のルールを無視しては成り立たないのです。

エッセーだからといって、「つれづれなるままに」「よしなしごとを」書き綴って成功するのは、兼好法師など一部の天才に限っての話で、私たち普通の人間にとっては、自由なエッセーといえども、まずテーマを決めて、それをきちんとした文章でわかりやすく表現することが大切です。

特に「自分史」の場合には、書きたいことが山ほどあるはずですから、書き出すと、あれもこれも書きたくなって、枝葉末節の事柄や余談に力が入り過ぎ、気がつくと肝心のテーマから外れて、ピンぼけの文章になっている、ということがよくあります。

ですから、「自分史」の文章は、書く前に、ここでは何を書くか、どこまで書くか、を念頭に置き、できるだけはっきりした狙いを持って書き出し、書き通すべきで、これはエッセーの場合といえども例外ではありません。「よいテーマ」を「ちゃんとした文章」で書き上げたとき、初めて読む人を納得させ感動させるエッセーが生まれるのです。

何をテーマにするか？

「自分史ノート」を作ることから作業を開始された方は、すでに手元のノートにエッセーのテーマになりそうな項目やメモ、短文が、かなりの数、書き込まれているはずです。

でも、まだそれらのメモ類は、多分にその折々の思いつきにすぎず、一編のエッセーのテーマになるかどうかは、これから判断していかなければなりません。また、記入されているのは、まだテーマのヒントであって、これからテーマになりそうなことを引き出したり、あるいは二つ以上のヒントを足したり重ね合わせたりして一つのテーマにまとめていかなければならないものもあるでしょう。

それらの作業を進めながら、テーマをできるだけしぼり込んで、深く掘り下げることを心がけてください。つまり「書こうと思うこと」を、よりシャープにし、明確にして、ピンぼけエッセーにならぬようにするのです。

一般に「自分史」のエッセーとして成功しやすいテーマは、第一に筆者自身が「どうしても書きたいと思っていること」、第二に「記憶の中から自然に湧き上がってくること」です。誰でも、その人生に一つか二つくらいは文章にして人に読んでもらいたいと思うテーマを持っているはずですから、まずそうした書きたい、書いておきたいと思うテーマを「自分史ノート」から選び出し、ポイントをしぼって、エッセーにしていきましょう。

テーマ探しの一つの方法

第二章でも述べたように、「自分史」は、泉のように自然に記憶の中から湧き上がってくるものと、井戸掘りをして探り当てた地下水のように努力して発見したものの両方が書かれていることが理想的です。

自然の泉のように湧いてきたものだけをすくい上げてエッセーにすることには限界もありますから、一歩を進め積極的に努力して、すばらしい地下水脈を掘り当てたい、と思う方のために、「自分史」におけるテーマ探しの一つの方法をご紹介しましょう。一種の「頭の体操」ですから、遊びのつもりで試してみてください。

まず、自分の半生を時間軸（タテの軸）で考えてみます。現在がいちばん下にあって、昨年、一昨年……と、上に行くほど時間が遡《さかのぼ》り、いちばん上が誕生の年になります。

ちょうど「自分史ノート」のページを逆に繰っているようなもので、この軸の上に自分の人生における諸々の事実や出来事、行動、体験、現象……のすべてが乗っかっていることになります。

ですから、この時間軸の上にあってテーマになりそうなことは、「自分史ノート」を作成している方の場合、もう既に大部分のものが発見されてノートに書きとめられているはずです。

そこで次に、現在の自分を平面軸（ヨコの軸）で考えてみます。

時間軸のいちばん下にある現在は自分を中心にして限りなく横への広がりを持っています。それをたとえば円形のようなものと考えてもいいでしょう。この円形の上には現在の自分を取り巻くさまざまな人、物、家庭、職場、社会……のすべてが乗っています。つまり現時点における自分の世界のすべてです。

身近なところから見ていくと、自分のすぐそばに、まず家族がいます。飼っているペットがいます。家があります。庭があり、植物があります。向こう三軒両隣があり、町があります。会社があり、先輩・同僚・後輩たちがいます。好きな人もいれば、嫌いな奴もいます。毎日乗らねばならぬ通勤電車もあれば、車窓から見てちょっと気に入っている風景もあり、帰りに途中下車して一杯やる居酒屋もあります。人だけでなく、物だけでなく、頭の隅にこびりついて離れない思いや悩みの種である腰痛、病気までも、自分の世界の一部です。自分という、たった一人の人間が抱えているのは、なんと広大な世界なのでしょう。

その一つ一つの中から、あるいはその中のいくつかを組み合わせることによって、書きたいと思うテーマを得ることはできないでしょうか。それができれば、それはそのまま現在をとらえたエッセーのテーマになりますが、「自分史」の場合、さらにその先まで考えてみます。

つまり、今考えた自分の平面軸の上にある人、物、家庭、職場、社会……の一つ一つもまた、それぞれ時間軸を持っていることに着目し、自分自身について考えたのと同様に、それぞれの時間軸をたどって、テーマになるものを探ってみるのです。

例えば私の家では、数年前に白樺の大木が枯れ、危険なので植木屋さんに切ってもらいましたが、そのとき私は、まだ元気だった妻が成長した幹を美しく保つために、よく樹皮を剥いでやっていたことから、愛犬クロをつなぐには細くて頼りなかった若木の頃、さらには幼かった子供たちと何もない庭に小さな苗木を植えた日のことまで、さまざまなことを思い出しました。つまり白樺の木の時間軸を、はからずも半世紀近く遡《さかのぼ》ってしまったわけですが、その中にはエッセーとして書けそうなテーマが、いくつもあったように思います。

こうして平面軸の上でとらえた事象の一つ一つにも時間軸を考えたら、今度は最初に考えた自分の時間軸のそれぞれの時点（昨年、一昨年、五年前、十年前……）にも平面軸、つまりその時々の広大な世界があったことを考えて、そのタテ・ヨコに張り巡らされた網の目か蜘蛛の巣のような軸と軸の交わり、交錯の中に「自分史」のエッセーのテーマになりそうなものはないか、と考えてみるのです。

ちょっとややこしい方法のように思われるかもしれませんが、コツさえ覚えれば案外簡単で、うまくいけば日常の生活の中ではなかなか見えてこなかった意外なテーマを発見することができます。

次のエッセーは受講生の一人が書いたものですが、かつて自分の平面軸の上にあった「橋」という一つの物（建造物）に着目し、その橋の時間軸をなぞることで、自分自身のある時期の「自分史」を書くことに成功しています。

忘れ得ぬ橋

船木寛子

六月も終りかけたある夜のこと、浜松町T桟橋のほとりのレストランで開かれた小学校時代のクラス会に出席した。

賑やかに時間が過ぎてゆき、夕暮れとともに東京湾にかかったレインボー・ブリッジにライトが灯った。吊橋のように弧を描いた橋桁が夜空に浮かび上がるのを見たとき、私の中にまたあの「栄橋」がよみがえってきた……。


昭和十八年の秋、私は両親と兄、二人の弟たちとともに東京から千葉県北部の小さな町に引っ越した。その年に女学校に入ったばかり、十三歳のときである。

ずい分早い時期ではあったが、それはやはり疎開であった。気の早い、言い出したら聞かない父と、住みなれた日本橋の家を離れたがらない母との間に、かなりいざこざがあったのを私は知っていた。

「やっぱりガスも水道もないんだね。これから大変だ」その家に入ったとき、つぶやくように母が言った。

「裏の橋ねぇ、とっても大きくてきれいなの」

私はチラと見えた橋のことを話しかけたが、

「橋？　橋がどうしたって」

母はまったく興味がない口振りだった。

その年の九月に、東京では建物の強制疎開が行われており、空襲も間近いという噂であった。父はもう猶予はならないとばかり、薄い縁故を頼りに、この町に引っ越してきたのだった。

家の裏手には塀もなく、ガラス戸をあけると、そこはもう外だった。細い道が一本あって、その向こうに利根川の高い堤防が続いていた。

草をかきわけて堤防に上ると、遥かな対岸は茨城県だと教えられた。

すぐ右手に橋がかかっており、「栄橋」と刻まれている。

この辺までくると利根川は川幅がぐんと広くなり、水量も多くなる。それに耐えられるように作られたのだろう。栄橋は頑丈な金属製の吊橋で、その形から一瞬、私は見なれた隅田川の清洲橋を思った。

清洲橋は橋の上から永代橋など他の橋も見えたが、この栄橋からは見渡す限り橋らしいものは何も見えず、ただピーンと張った長いアーチが青空に巨大な弧を描いている。

こんな田舎には全く不似合いなほど、それは美しい形の橋であった。

*

この町から上野までは、当時の汽車で二時間足らずで行かれた。だが、本数は少なく、一列車乗り遅れたら二時間は待たなければならない。

兄は東京の親類の家から中学校へ通うことになり、弟たちも地元の小学校にかわった。

当然のように私も近くの女学校へ転校させようとする父に、私は強く反発した。

もう友達ともなじんでいたし、学校までこの田舎にかわるなんて考えてもいないことだった。

いつものことながら家族を支配しようとする父のやり方が無性に腹立たしく悲しかった。

黙りこくって堤防に坐りこんでいると、母が来て、「わからないの。女の子を遠くへ通わせるのが心配なのよ。お父さんはあんたのことを一番心配してるのに」と言った。

「でも、いやなの。絶対に学校はかわらないからね。絶対に……」と、私は言い張った。

母は黙って私の横に坐った。

橋は相変らず絵のように美しかった。ぼおっと滲んでくるこのときの橋の印象は、腹立たしく切ない思いとともに、忘れ難い少女期の原風景として、私の記憶に強く焼きつけられている。

意地を張り通した私は、結局、最後まで東京の女学校に通うことになる。

＊

「また水が落ちちゃってる。みんな手伝って！」と、かん高い声。

あの頃の母は始終いらいらしていた。無理もない。かまどに薪をくべて御飯を炊き、オキをとって七輪で煮炊きをするという一昔前の生活に戻ってしまったのだから。

中でも大変だったのは水だ。家の外につるべ井戸があり、そこから台所まで鉄管で引いた水を手押しポンプで汲み上げるのだが、このポンプがしょっちゅう故障し、水が一晩のうちに落ちてしまう。呼び水をしてもスカスカと空しい音がするばかりで、水は出ない。

そうなると子供たちが総動員されて、外の井戸からバケツで水を運ぶ。寒い朝など、水がめ一杯の水を張るのはつらい仕事であり、重労働だった。

そんな貴重な水だから、とてもお風呂なんかには使えない。私たちは栄橋を渡って向こう側のF町の銭湯へ通った。二人の弟は父と先に行き、帰ってくるのを待って入れ代わりに母と私が出かける。

板張りの銭湯には小さな裸電球がともり、お湯がぬるくなると境の板戸をドンドンと叩いて合図するのだが、燃料も逼迫しているらしく、お湯はなかなか熱くならなかった。

ヒュウヒュウと鳴る長い橋の中程まで帰ってくると、母はよく自分のショールで私を包んでくれた。寒さと惨めさで涙がこぼれ、雪がちらつく橋の上を無言の母にすがって歩いた。

＊

戦争が激しくなり、この辺りも食糧事情が悪化してきた。もともと親類がいるわけでもなく、農家に囲まれて暮らしていても野菜ひとつ手に入れるのも大変だった。しかし排他的な農村にいきなりとびこんできて、通り一ぺんにでもご近所につき合ってもらえたのは、やはりそこに母の努力があったからだと思う。

堤防の上の道を橋とは反対の方角に二キロほど下った所に畑を貸してくれる人がいて、私たちはトマト、かぼちゃ、とうもろこしなどを、見よう見まねで作った。野菜はどうにか自給できるようになったが、肉類などは全然手に入らない。

「F町のおじさん」という人が家に出入りするようになったのは、その頃だった。

予告もなしにやってきては、ある時は卵、ある時は鶏肉というように、いわゆる闇の品物を運んできてくれるのだ。四人の子供たちにいつも飢えた目でみつめられていた父が、やっと手に入れた苦肉のルートだったのだろう。

そのおじさんのことは一切しゃべってはいけないと言われていたが、私は堤防の上から、尻っぱしょりをしたおじさんが栄橋を渡って川向こうへ帰っていく後姿をいつも見送っていた。おかげで二、三日はみんな幸せでいられたから。

＊

昭和十九年、戦局は次第に不利になり、勉強は二の次、三の次になって、いつしか私たちも戦力に組み込まれていった。

私の女学校は王子の第一造幣局へ学徒動員となったが、私は遠距離通学ということで、体の弱い人たちとともに学校工場に残された。くる日もくる日もボール紙を組み立てて、弾薬を入れる小さな箱を作る仕事だった。

そのうちに空襲が激しくなり、父はまた転校話を持ち出したが、私は頑として拒んだ。誰もが死というものに対して、それほど恐怖心を感じない、異常な世の中になっていた。

昭和二十年三月十日の大空襲で東京の下町一帯が焼き尽くされた夜、私たちは利根川の堤防に立って、西の空が赤く染まってゆくのを見つめていた。

「今度こそ焼けてしまっただろうな」

父がポツンとつぶやいた。家財の半分を置いてある日本橋の家のことであった。

「でも、お父さん、これだけの子供を連れて逃げることさえできたかどうか……」

母の言葉には感謝の気持ちが深くこもっていた。

なんとなく感じていた母へのわだかまりが、その一言でけしとんだ。

清洲橋も焼けてしまったかなあ……。黒々とそびえる栄橋を見上げて私はぼんやり考えていた。

この東京大空襲は私の友達の間にも大きな被害をもたらした。焼け出されたまま、親兄弟の行方もわからず、地方の親類などを頼って行った者もあり、一家が無事に暮らせることの幸せを子供心にもしっかり感じとっていた。

＊

五月のある日、晴れ渡った気持ちのいい午後だった。庭で母とゴザを干していると、突然、見慣れぬ飛行機が一機、超低空で飛んできた。

次の瞬間、バリバリと何かを切り裂くような音。操縦席が見えるような至近距離で敵機を見た私たちは肝をつぶして家にとびこんだが、二人ともしばらくは声も出なかった。

私にとって最大の戦争体験となった、この機銃掃射の目標物は、なんとあの栄橋であった。

「やっぱりあの橋か。気まぐれに飛んで来て、面白半分に撃たれるようじゃ、この辺りももう危険だな」

難しい顔で父が言った。

見渡すかぎり開けた大地に大きな川が流れ、そこにあれほど目立つ橋があったら、標的にされてもしかたがない、と私も思わざるを得なかった。

しかし幸か不幸か、その頃はもう鉄道もめちゃめちゃで、どこへ行こうと思っても行きようがなくなっていた。その代わりに「ぼんやり橋なんか眺めていてはいけない。橋には絶対に近づかないように」と、父は子供たちを集めて、こわい顔で申し渡した。

*

それから終戦までの三カ月、敵機は来なかった。あの日のことがあるので、私も今度は父の言いつけを守って、橋には近寄ろうともしなかった。

終戦のあと、秩序を失った軍隊が橋の中ほどから銃やサーベルを川の中へほうりこむ騒ぎもあった。

暗かった夜の町に徐々に明りが戻り始めたのをきっかけに、世の中はさまざまな試行錯誤をくり返しながら平和に向かって歩みだした。

その後の数年間は、わが家にとって戦争中以上に苦しい時期であったが、それも乗り越えて、一家は無事に東京へ引きあげることになった。最後の日も栄橋は、まるで私たち一家を見送ってくれるかのように、巨大なアーチを利根川に映して頼もしくそびえていた。

だが、その橋も老朽化して、昭和四十六年、ついにその役目を終えたという。せめてその終焉を私なりに見守ってやりたかったと今でも残念でならない。

その後にできたという二代目栄橋を私は見に行こうとは思わない。

私にとって「忘れ得ぬ橋」は、あの栄橋のほかにないのだから。

第六章　原稿用紙か、パソコン、ワープロか？

「自分史」の原稿は、やはり原稿用紙に書くべきでしょうか、それともパソコンやワープロのほうがいいでしょうか、という質問をよく受けますが、私は「どちらでも結構です」とお答えしています。あなたが使いやすいほうを選んでいただいてかまわないのですが、それぞれ一長一短がありますから、そのことを念頭に置いて着手されるといいでしょう。

文章を練るなら原稿用紙

原稿用紙のいいところは、何といっても存分に推敲《すいこう》（自分の原稿に手を入れること）ができることです。それも元の言葉や文章が見えかくれする形で残りますから、何度も読み直し、手直しをしていくなかで、元の形と今の形を、その場で直接比較してみることができます。つまり推敲によって本当に改善され、納得のいく文章になったかどうか……もし、これは改悪であって元のほうがいい、と判断すれば、すぐ元に戻したり、さらに手を加えたりすることができます。

文章を書くという作業は、多かれ少なかれ迷いと決断の繰り返しですから、せっかく「自分史」を書こうと思い立ったからには文章そのものも得心のゆくところまで練り上げたい、という方は、文章修業にはもってこいの原稿用紙を使うのがいいでしょう。

作家の原稿展などに行ってみるとわかるように、ひと昔前まで作家は原稿用紙の上で文章と格闘したものです。生々しい推敲の跡はその苦闘の痕跡であり、作家の苦しい息づかいまでが聞こえてくるような気がします。もっとも作家によっては、そうした苦闘の跡を見せるのを嫌がって、書き上げた後きれいに清書し直したり、消した部分を丹念に墨で塗りつぶしたりする人もいますが……。

いずれにせよ原稿用紙のマス目を自分の書く文字で一つ一つ埋めていくという、この素朴な作業には、人まかせ・機械まかせでは得られぬ創造的な何かがあるようで、現にパソコン・ワープロ全盛の今日でも原稿は原稿用紙にしか書かないという作家も少なからずいるのです。

ですから作家でなくても、どちらかといえば文章派をもって任じ、文章そのものに重きを置いて、細部に至るまで一言一句ゆるがせにしない、というタイプの方は、原稿用紙の上で存分に自分自身の文章を練り上げながら「自分史」を書き進めるのがいいと思います。

ただし、この場合、気をつけてほしいのは、文章の細部や瑣末な言葉づかいなどにばかり気を取られすぎて、「自分史」全体をどう運ぶか、という大きな問題を見失わないようにすること。原稿用紙の上で文章に凝るのは結構ですが、あまりそれのみにとらわれすぎると全体を組み立てることがおろそかになって、いたずらに原稿用紙を前に苦吟を重ねるということにもなりかねません。それでは文章の勉強にはなっても、肝心の「自分史」は完成に至らず、本末転倒の結果になってしまいます。

なお、原稿用紙は二十字二十行の四百字詰のものが最も一般的です。しかし、「私は書き損じが多く、原稿用紙を無駄にすることが多いので、その半分の二百字詰（二十字十行）のほうが好き」という人もあり、新聞社や出版社では、印刷されたときの紙・誌面に合わせて特別な字数や行数のものを使用することもあります。

パソコン、ワープロだから辞書（機能）で確かめる

一方、パソコンやワープロの特長は、何よりも便利で、効率よく文章が書けることにあります。AB二つの言葉が頭に浮かび、どちらをとろうか、と迷ったとき、Aをとれば B は消え、Bをとれば A は消えます。決断が早く、先へ先へと文章を進める力を書き手に与えますから、特に「自伝」のように長いものをまとめるのには向いています。

しかし、かなりの部分を機械にまかせて文章を作るので、長いこと原稿用紙に文章を書いてきた年配の人などには、どうしても文章を「書いた」というよりは「書かされた」という感じがつきまとうようです。

言葉の選択でも、文章の整え方でも、パソコンやワープロだと決断が早くできます。ということは、迷いも残さぬかわりに、よりよいものを見落として先へ行ってしまうこともあり得る、ということです。次善のものでもかまわず採択して、事足れりとしてしまう文章上の荒っぽさが、どうしてもパソコン、ワープロの作業にはつきものです。

ですから、パソコンやワープロで「自分史」をまとめる場合には、このマイナス面をカバーしてやりましょう。つまり文章を打ったら、さあ一丁上がり、と打ちっぱなしにするのでなく、ある部分の文章がまとまったら、それをプリントアウトして目を通し、原稿用紙に書いたときと同じように推敲をして、その修正分をフロッピーの元の文章に戻してやってください。これを何度か行うことで、原稿用紙の場合と同じように、よく推敲された文章に仕上げることができます。

この場合の推敲で、もう一つ大事なことは、自分が文章の中で使っている言葉や字句の表記についてのチェックもおろそかにしないこと。原稿用紙の場合は、少なくとも自分自身が直接文字を書くので、わからなかったり曖昧だったりした言葉や字句については、その時点で辞書を引いて確かめてから書きますが、パソコン・ワープロまかせだと、つい出てきた言葉や字句を鵜呑みにして、間違ったものをそのまま採っていることがよくあるからです。

自分がここで言おうとしている「テキカクな判断」の「テキカク」は、「適格」なのか、「適確」なのか、「的確」なのか……パソコンやワープロでは三つとも出てきますから、うっかり一番最初に出てきたのを使ってしまってはいないか……といったことをチェックするのです。つまりパソコンやワープロの場合、この作業は推敲(自分が書いた文章の言葉や字句を正し、練り直すこと)であると同時に、添削(他人が書いた文章の言葉や字句を正し、手を入れること)や校閲、校正の要素も若干あるわけで、その分、一層きびしく目を光らせてほしいのです。

ですから、私はつねづね受講生の方々に「パソコンやワープロで文章を作成する場合、辞書を横に置くか辞書機能を活用するようにしてください」と申し上げています。そして、ちょっとでも疑問を感じたら、すぐに辞書を見る習慣をつけましょう。「パソコン、ワープロだから辞書はいらない」

ではなく、「パソコン、ワープロだから辞書で確かめる」ことが必要なのです。最近では、そのための便利な辞書や電子辞書も出まわっていますから、特に辞書機能のないワープロの場合には、それらをセットにして常備してほしいと思います。

タテ書きとヨコ書き、それぞれの利点

原稿はタテ書きか、ヨコ書きか、というのも、初心の方からよく受ける質問ですが、これもどちらかでなければならぬということはありません。

自分が書きやすいほうで書いてかまいませんが、作業を無駄なく進めるためには「自分史」が完成して、例えば本にした場合のことまで考え、最初からそれに合わせて書くのがいいと思います。それと自分が書こうとしている内容のあれこれをちょっと考えてみて、自分の「自分史」はタテ書き（本にした場合はタテ組み）向きか、ヨコ書き（ヨコ組み）向きか、を判断します。

例えば内容的に、海外のことを多く書くので英語やローマ字など横文字のスペルをそのまま書き込みたいとか、桁の大きい算用数字をたくさん使いたいというような場合には、当然ヨコ書きが向いていますし、同じ海外のことでも中国の歴史や文学（漢詩など）にふれた記述を多くしたいとか、短歌や俳句を地の文の間にたくさんはさみたいといった場合には、ヨコ書きよりタテ書きのほうがふさわしいのは言うまでもありません。

最近、日常生活の中では、どちらかというとヨコ書きの文章が多くなりましたし、「自分史ノート」などもほとんどの方がノートにヨコ書きでテーマや項目、メモなどを記入しておられるだろうと思

います。

したがって、最終的には「自分史」をタテ書き・タテ組みでまとめようと思う場合には、この原稿にする段階で、外国語や算用数字をどう表記するか、を考えておくことが必要です。

例えば外国語は全部カタカナに直して書くか、それともヨコ書きのスペルをそのまま生かしてそこだけ本を横にして読んでもらうようにするかとか、年数や年齢を表わす数字は、漢数字（和数字）で「千九百三十一年」「六十五歳」と記すのでなく、「一九三一年」「六五歳」のように漢数字を算用数字風に使って表記するとか、自分なりのルールを決めて作業を進めます。

原稿の書き方〈基本編〉

原稿用紙の場合でもパソコンやワープロの場合でも、またタテ書きの場合でもヨコ書きの場合でも、基本的には原稿の書き方は変わりません。

ここでは一応、原稿用紙・タテ書きの場合を想定して、原稿を書くルールのポイントをあげておきます。細部については、本書に掲載した例文はもとより、すべてのページの文章がいわばそのサンプルですから、よく読んで参考になさってください。

＊題（タイトル）や見出しはマス目にこだわらず、スペースをとって少し大きめに書くのが普通です。

＊文字は必ず一画（一マス）に一字ずつ書きます。文字だけでなく、後で述べる句読点やカギ、カッコ、その他の符号の場合も一画分をとって書きます。

＊書き出しは、最初の一画をあけて書き始めます。行を変えて次の文を書き出すときも同じで、やはり最初の一画はあけておきます。ただし、原稿用紙が二枚目、三枚目……になるたびに、原稿用紙の最初の一画をあける必要はありません。文章が続いていれば、原稿用紙が変わっても、そのまま続けて書きます。

＊一つの文（センテンス）を読みやすく、わかりやすくするために、途中の必要なところには読点《とうてん》（テン＝、）を打ち、文の終わりには句点《くてん》（マル＝。）を打ちます。いずれも文字の場合と同じように、しっかり一画分をとって打ってください。

＊句点を打つだけより、もっと間をとりたいときは、句点の後に続けて文を書かず、行を変えて書きます（改行、行カエ）。

＊さらに、もっと間をとる必要があるときは、まるまる次の一行分をあけてしまい、次の次の行に書きます（一行アキ）。

＊会話体（話し言葉）や強調したい語句は通常、カギ（またはカギカッコ＝「　」）でくくります。カギの

中に、さらにカギが必要な場合はフタエカギ（『　』）を使います。逆に、最初からフタエカギを使い、その中でカギを使う場合もあります。

＊語句に注や読み方、補助的・解説的なことをつけ加えたいときは、カッコ（（　））でくくって添えます。

＊その他、よく使われるものに、踊り字（または繰り返し符号＝々）、ナカテン（またはナカグロ＝・）、ヒゲ（〃〃）、ヤマガタ（〈〉）、疑問符（？）、感嘆符（！）などがあります。いずれも上手に使えば文章を読みやすくする効果がありますが、疑問符や感嘆符は乱用しすぎると押しつけがましくなって逆効果になることもありますから気をつけましょう。

＊符号も一画分をとって書くと言いましたが、テンテン（……）とナカセン（——）だけは例外で、いずれも通常、二画分をとって書きます。

＊特別な読み方をする語句や読みにくい人名・地名などの固有名詞にはルビ（振り仮名）を振ります。ルビは今日では外国語などの場合を除いて、普通、平仮名で振ります。

＊同じ語句や表現が、何の理由もなく行き当たりばったりに漢字で書かれたり、平仮名で書かれたり、片仮名になったりするのは見苦しいものです。自分なりに、この文章の中では「これは

こう書く」と表記のルールを設けて書いていきましょう。

＊数字の表記についても同じです。まさか「昭和十六年（千九百四十一年）一二月8日」と漢数字（和数字）と算用数字をごちゃ混ぜにして書く人はないでしょうが、「年号による年と月日は漢数字で書き、カッコ内の西暦の年数は漢数字を算用数字風に表記する。ここでは算用数字は使わない」と自分なりにルールを決めれば「昭和十六年（一九四一年）十二月八日」と書くことになり、あとの表記もこれに合わせていけばいいのです。

＊原稿用紙では、文章や言葉、文字の訂正は、直したり消したりしたことがはっきりわかるようにしておかないと印刷のときに間違いが生じたりします。しかし原稿用紙の項で述べたように消しゴムなどを使って完全に抹消してしまうより、元の形が見えかくれするほうが推敲のためにはいいので、二本の線でしっかり消すくらいが適当でしょうか。

＊「自分史」の原稿は自伝の場合など、最終的にはかなりの量になることが多いので、長編になっても混乱することがないよう、原稿用紙には必ずノンブル（通し番号）を振る習慣をつけましょう。

第七章　文章はこんな点に気をつける

「自分史」の文章は、まず「読んだ人によくわかる文章」であることが大切です。一生懸命に書いてはいるが、「何を言おうとしているのか、さっぱりわからん」のでは、せっかくの労作も、独り善がり・自己満足の駄文に終わってしまいます。

「よくわかる文章」であるための必須条件は、文章が「自分のものであること」と「正確であること」です。下手でもいいから自分らしい正しい文章を書こうと、まず心に期してください。むろん誰もがあっと驚くほどに個性的な文章やきらきらした才能の溢れる文章、精緻な技巧をこらした文章……にも大きな魅力がありますが、最初から、それらを真似て書こうと背伸びすることは禁物です。

自然体で、ありのままに、文章のルールを守って書いていけば、誰にも書けぬ、あなたならではの文章が徐々に体を成してくるはずです。

「自分史」の文章を書くときの注意事項と若干のコツについて説明します。

①事実を正確に書く

「自分史」は記録ですから、事実をできるだけ正確に書かなければなりません。

過去の事実や出来事の中には、記憶が薄れかけていることや時にはすっかり忘れてしまっていたことを人に言われたり資料から推測したりして思い出す場合もあるでしょう。そんなことを記録するときには、できる範囲で調査・取材をして裏づけを取り、より確実なものを書くようにします。

それでも不明な点やはっきりしない事があったら、率直にそう書けばいいのです。間違っても推測や想像の範囲を広げすぎて、フィクションにしてしまわないこと。「自分史」はあくまでも記録であって小説ではないのですから。

特に表記の点で気をつけたいのは、固有名詞（人名、地名など）や数字（日時、距離など）を間違えずに書くことです。自分の名前や町名が一字でも間違って届けられた郵便物に不快な思いをした経験は、どなたにもおありでしょう。また、番地の数字が違っていたために大事な郵便物が届かなかったりした経験も……。

「自分史」に登場していただく方のお名前や年齢を、うっかり間違えたりするのはこのうえない失礼に当たりますから、念には念を入れて確認し、正しいものを書くようにします。

②いちばん書きやすい文章・文体で、率直に書く

文章や文体（文章の特色、調子）というものは、厳密にいうと、書き手の個性や人格が一人一人違う

ように、人によって皆違うものです。ですから「自分史」を書く場合も、好きな作家や他人の文章・文体を参考にするのは結構ですが、やたら人真似をするだけでうまくいくかというと、なかなかそうはいきません。それよりも、普段自分が書きなれていていちばん書きやすい文章・文体で、気負わず、率直に書いていったほうが成功します。

「自分を飾って書くな、背伸びして書くな」というのは前にも述べた通り、内容についても文章表現についても言えることで、三浦綾子さんと同じように主婦から、カルチャーセンターでの勉強を経て作家になった重兼芳子《しげかね》さんは、その著『はじめて文章を書く』の中で「文章を書くということは、まず恥をかくこと、それから自分をさらすこと」と、アマチュアであっても文章を書こうとする者には、自分についてありのままを表現するという、ある覚悟のようなものが必要なことを語っておられます。

ですから、たった一つの言葉でも、筆者自身がよくわからない言葉、難しい言葉、きちんと把握できていない言葉は使わないようにしましょう。生半可な知識や聞きかじりの言葉というのは、ついひけらかして書いてみたくなるものですが、借り物の知識や言葉を安易に使用することで、せっかく苦労した文章が台なしになってしまうのは、よくあることですから。

③できるだけ短い文で、きちんと書いていく

書き出しから句点（マル）までのひと続きの表現を「文」（センテンス）といいます。つまり「文章」はいくつかの文によって構成されているので、正しい文章を書くためには、その文章の中の一つ一つ

の文が正確なものになっていなければなりません。

そして「文」は短ければ短いほど、誰にも間違いなく、正確に書くことができます。短い文ほど、やさしく書けるのです。

例えば「私は日本人です。」という文を間違えて書く人はいないでしょう。「私は一九三一年に生まれました。」「私は東京で生まれました。」「父は青木一郎です。」「母は青木文子です。」「私は長男です。」という文も間違えようがありませんから、何も考えたり悩んだりすることなくスイスイ書けてしまいます。

しかし、これらの内容を一つの文にしようとすれば、当然、文は少し長くなって、「私は一九三一年に、東京で、父・青木一郎と母・文子の長男として生まれました。」となりますから、「生まれました。」という述語にかかる「一九三一年に」「東京で」「父・青木一郎と母・文子の長男として」の三つの言葉の並べ方はこのままでいいかな、順序を変えて、「一九三一年に」「父・青木一郎と母・文子の長男として」「東京で」のほうがよくはないかな……と考えたりします。

まあ、この場合は三つの順序がどうであっても大勢に影響はありませんが、内容により文によっては順序を誤ると意味をなさなくなったり、全く別の意味になってしまったりすることもありますから、気をつけなければなりません。つまり長くなった分だけ、文としては難しくなっているのです。

といって、この場合、最初にあげた短い文をそのまま並べて、「私は一九三一年に生まれました。東京で生まれました。父は青木一郎です。母は……」と続けたのでは、ブツブツ切れた感じになって、正確ではあっても無駄の多い、面白みのない文章になってしまいます。内容も複雑なものではありませんから、この場合は、やはり整理をして多少長めの文にまとめていくことが必要で、その辺の見極めが文章として成功するかどうかの一つの決め手になってきます。

一般に初心者の陥りやすい過ちの一つに、書きたいと頭に浮かんだことを何もかも一緒にして未整理のまま一つの文に詰め込んでしまうことがあげられます。当然、文はダラダラした長いものになり、難しくなり、ミスが生じます。

そんな時は、一度に全部を書こうとせず、内容をちょっと整理してみて、いくつかの文に分けて書くようにすればいいのです。これはちょっとした練習によって誰にもできることですから、自分の文章を見直して心当たりのある方は早速、矯正法を覚えて、原稿を推敲してください。

次の例文は、そのようなちょっと欲張りな文を、いくつかの文に分けて整理してみたものです。添削前と添削後の文章を比較して、要領をつかんでください。

［例文①・添削前］
五十九歳で長く勤めた保母を退職した私に「自分史を書いたら」と友人はすすめたが、職務に緊張し続け、やっと解放された私にとって、とにかく平凡な主婦が楽しんできたろう遊びを勤務の陰から羨ましく見守ってきたので、旅行、ダンス、水泳、テニス、油絵等、願望を存分に叶えるのが先だった。

↓

［添削後］
五十九歳のとき、長く勤めた保母の仕事を退職した。「体験を自分史にまとめたら」と友人にすすめられたが、私にはそれより先にやりたいことがあった。職務に緊張し続け、やっと解放されたの

だ。旅行、ダンス、水泳、テニス、油絵等、平凡な主婦が楽しんでいる遊びの数々を、私はこれまで勤務の陰から、ただ羨ましく見守ってきた。だから、まずそれをやってみたかった。

［例文②・添削前］

自分史を書こうと思ったきっかけは、主人が病気になる前、彼が退職して何もする事がなくなってしまったと、淋しそうにしていた時、彼はかなり変わった人生というか誰でもが経験できない事をした人なので、もし自分史を書いたら将来、孫達が読んで自分の祖父がこんな人生を送ったという事が少しでもわかり、また戦争の中で、そして終戦時に外地から引き揚げて来て、戦後の日本の復興に少しでも携わって来たというのを知ったら、きっと孫達が喜んで読んでくれると思い進めましたが、残念な事に彼は病気になってしまいました。

それで三年程前に私が大阪の息子のところに滞在している時、ふと代わりに自分の事を書いてみようと思いました。

↓

［添削後］

私の主人は、かなり変わった人生を送った人です。ですから自分史を書いて、孫達に読んでもらうことを願っていました。そうすれば孫達は、自分達の祖父が戦争中や終戦の時に何をし、戦後の日本の復興にどう携わって来た人であるかを知る事ができます。

退職後、主人は自分史執筆に取りかかりました。しかし残念な事に途中で病気になり、中断してしまったのです。それで三年程前に私が大阪の息子のところに滞在している時、ふと主人に代わって私が書いてみようと思い立ちました。これが私の自分史執筆のきっかけです。

ただし、誤解しないでほしいのですが、「できるだけ短い文でまとめよう」ということは、「長い文を使ってはいけない」ということではありません。「長い文は難しく、間違えやすいから、初心のうちは短い文でまとめたほうが安全ですよ」ということであって、理想的には長い文も短い文も自由自在に操れて、変化に富んだ正確な文章が書ければ、それがベストであることは言うまでもありません。

ですから、少し文章を勉強したことのある人の場合、文が長くなってしまって、これはちょっとおかしいかな、と思ったら、長い文をほぐして整理し、考え直してみればいいのです。

おかしな文の中で最も多いのは、主語と述語、修飾語と被修飾語などの関係が狂ってしまうケースです。両者の間に他の語句が入り込んできたため、筆者の目がくらみ、最初に考えていた正しい主語と述語の関係、修飾語と被修飾語の関係などを忘れてしまうのです。例えば、よくこんな文を書く生徒さんがいます。

娘が文章教室に通っている私に「主婦の友」でエッセーを募集しているから書いてみたらと勧められ、普段考えていることをまとめてみました。

よく見ると、これは二つの文からできていることがわかります。では、二つの文にほぐしてみましょう。「娘が……勧めてくれた」ので「(私は)普段考えていることをまとめてみました」となり、前の文では「娘」が主語、後の文では、かくれている「私」が主語です。ところが、この筆者は前の文を少し長く書いているうちに、主語が「娘」でなく「私」であるような勘違いをしてしまい、うっかり「……書いてみたらと（娘に）勧められ」と受け身の表現をしてしまったのです。正しい文がどうなるかはおわかりですね。

④テン（読点）は、どこに打つか？

句読点のうち、文の終わりに打つ句点（マル）を打ち間違える人は、まず、いません。ちょっと厄介なのは読点（テン）の打ち方ですが、これも基本的には書く人が自分の文章に間をとり、リズムを整えて、読み手にもそのリズムを伝えるためのものですから、書き手が打ちたいと思うところに打っていいのです。文章におけるテンは丁度、水泳における息継ぎのようなもので、多用する人もあれば、殆どテンを打たずに書き進める人もあり、個人差があって当然なのです。しかし昔の文章にはなかった句読点のようなものが、なぜ生まれてきて、広く用いられるようになったかを考えてみると、それは何よりも文章を読みやすくし、理解しやすくするのに便利なものだから、です。

したがって、こんなときにはテンがあったほうが読みやすい、テンがないと間違って読まれてしまう、打ち間違えると別の意味になってしまう、というような場合には、テン一つで問題を解決することができますから、こんなに重宝なものはありません。文意を正しく表現するには、どこにテンを打つのがいちばん適切であるかを考えると同時に、読み手が少しでも読みやすいように、という配慮も忘れずに使ってください。

こんなときにはテンを打ったほうがいい、打つべきだというケースを、例文とともに列記してみます。

＊主語に当たる言葉が長くなったとき、その後に打つ
どうにも我慢できなくなって泣き出してしまった太郎は、………
最近では年輩の人たちまで使うようになった「ら」抜き言葉というものは、……
（「私が、……」「彼女は、……」と、主語だけの後に必ず打つ必要はない）

＊特に取り出した言葉の後に打つ
平和、それをいかに待ち望んだことだろう。
八月十五日、私はこの日を忘れることができない。

＊文を途中で止めて、待たせておくときに打つ
赤ちゃんは這い這いをし、机につかまり、立ち上がった。
そういう意味ではなく、こうは考えられないだろうか。

＊言葉を並べるときに打つ
太郎が、次郎が、三郎が、一生懸命に駆けてくる。（二つ以上の主語）

私は机の前に座り、ワープロを打ち、辞書を引き、「自分史」の作業を続けた。(二つ以上の述語)

＊言葉を隔てて修飾するときに打つ

(テンの打ち方の中でいちばん要注意の項目。次の例で、それぞれ二つの文の意味の違いを考えてみてほしい。最初の例では、テン一つで、足を引きずっているのは「私」なのか、「もう一人のランナー」なのか……)

私は足を引きずりながら、先頭を走るランナーを追った。(これでは追いつかない)

私は、足を引きずりながら先頭を走るランナーを追った。(これなら追いつく)

彼女は目を輝かせて、話し続ける彼をじっと見つめていた。

彼女は、目を輝かせて話し続ける彼をじっと見つめていた。

＊感動詞、呼びかけ、返事などの後に打つ

ああ、嬉しい。

おい、どうした?

少年よ、大志を抱け。

夜霧よ、今夜もありがとう。

いやいや、とてもそんなもんじゃないよ。

＊逆さまにした表現（倒置表現）の場合、その間に打つ
よく書けているな、この「自分史」は。

何を言うの、今頃になって。

少女が駆けてくる、長い髪を風になびかせながら。

＊会話文・引用文などを「　」で囲んで「と」で受けるとき、それが直接述語に続かない場合は「と」の後に打つ

「困ったな」と言った。

「金は天下の回りもの」というじゃないか。

（これらは直接、述語につながるから、打たない）

「困ったな」と、つぶやくように彼は言った。

「私はストーブのそばで居眠りをしている、頭の禿《は》げた、小さなおじいさんになりたいのです」

と、チェーホフは書いている。

＊読み誤り、読みにくさを避けるときに打つ
二、三日中に、なんとかします。（二十三日中ではない）
どうしても家に、はいれません。（「家には、いれません」と読まないように）

⑤主語省略は日本語の文章の特色

「自分史」の主役は、言うまでもなく自分自身です。したがって「自分史」の文章は、たいていの場合、「私が……」「僕が……」「自分が……」という一人称が主語の文章です。もし英語などと同じように「自分史」の中に一人称の主語を残らず書き込んでいったとしたら、「私が…、私が……」と、ずい分うるさくて目障りな文章ができてしまうことでしょう。

ところが幸い、日本語の文章には昔から「主語省略」という便利な特色があります。明晰な文章の条件は「主語・述語を明確にする」ことですが、日本語の文章では伝統的に主語は省略され、隠されていることが多いのです。

古典などの中には、あまりに主語を省略しすぎて、合戦などの場面で「刀を抜いて斬りつけたら」「どうと倒れた」とあるものの、どちらが斬りつけて、どちらが倒れたのか、よくわからなくて論争が起こるといったことさえあるほどです。だから日本語は論理的でないんだ、といって、これを日本語のマイナス面ととらえる人もありますが、「自分史」では、この特色を大いに活用して、明らかに主語が「私」であると誰にもわかるような場合には、主語を省略して、どんどん話を進めていきましょう。

一人称の主語を省略して書く文章といえば、誰もが「×月×日　曇のち晴　朝、六時起床。散歩に出ようとしていると……」といった「日記」の文章を思い出すはずです。日記では、よほどはっきりさせておかなければならぬ場合を除いて、「私が」どうしたとは書きません。「自分史」の場合には、日記ほど徹底する必要もないでしょうが、少なくとも、あってもあまり意味のないような、というより、なくても誰とはっきりわかるような「私」や「僕」「自分」ははしょって書いたほうがすっきりします。むろん、主語がないと意味がわからなくなってしまう場合や、主格が誰なのかはっきりさせる必要があるときには、きちんと書かなければならないのは言うまでもありません。

そして、これは何も「自分史」や「日記」に限ったことではなく、実は一般の文章でも大いに利用されている日本語の文章の大きな特性なのです。誰もがよく知っている夏目漱石の『坊っちゃん』の書き出しを、ちょっと思い出してみましょう。

親譲りの無鉄砲で子供の時から損ばかりしている。小学校にいる時分、学校の二階から飛び降りて一週間ほど腰を抜かした事がある。

いかにも主人公の性格を読者に印象づける書き出しですが、どこにも一人称の主語は使われていません。『坊っちゃん』では、この後もしばらく一人称の主語抜きで話が進んでいきます。そして、それがめりはりの利いた、テンポの速い文体を生んで、どんどん話を盛り上げ、読者を主人公と一体化させてしまうのです。

ためしに『坊っちゃん』の文庫本を買ってきて、主語が省略されていると思われるところに主語を補って読んでみてください。文章がもたついて、原作の持つ歯切れのよさが失われてしまうことに気づき、漱石の作品における「主語省略」の効果が、さらにはっきりすると思います。『坊っちゃん』のすぐ後に書かれた『草枕』の書き出しも、「山路を登りながら、こう考えた。」と、やはり冒頭から主語が省略されています。

⑥文章をだらしなくする余分な接続詞

「主語」より、もっと必要ないところに使われて文章の流れを悪くしていることが多いものに「そして」「また」などの接続詞があります。

「自分史」、特に「自伝」の場合には、事実や出来事を時間の流れにのせて書くことが多いので、書きたい文や文章を一つ、また一つと、順々に書いていくことが多くなります。ですから、そのたびに「そして」「だから」「そこで」「また」と接続詞を使って文や文章をつなぎ、流れを作っていきたくなるのはわかるのですが、なかにはその接続詞が逆に文章の流れを阻害して、テンポをのろく、だらしないものにしているケースもけっして少なくありません。いや、それどころか、全く必要のない接続詞を、ただ意味もなく書いてしまっている場合だってあるのです。

その一番いい見本は、小学生の時分に誰もが一度は書いたことがありそうな、こんな作文。

あさ、おきました。そして、かおをあらいました。そして、はをみがきました。そして、ごはんをたべました。そして、がっこうへいきました。そして……

この場合、「そして」という接続詞を意味もなく多用していることは誰にもわかりますから、「そして」をとってみます。いや、最後の一つだけ残して、とってみましょう。

あさ、おきました。かおをあらいました。はをみがきました。ごはんをたべました。そして、がっこうへいきました。

このほうが少なくとも前の文章より、すっきりしたことは明瞭だと思います。つまりはこの要領なのです。

受講生の書いた文章の添削で、もとの文章にちょっと手を入れただけで「文章がすっきりした」「文体がしまって、きりっとしてきた」と言われるのは、この余分な接続詞を削ったときであることが多いのです。

ですから皆さんも、一つ文章を書き上げたら、「この『そして』は本当に必要か」「『また』と改めて言う必要があるだろうか」と、自分が文章の中で使っている接続詞、つまりつなぎの言葉をチェックしてみることをおすすめします。自分が一度、選んで書いた言葉というのは、たった一語でも、なかなか削りにくいものですから、自分の文章を推敲するというより、他人が書いた文章を添削するような気持ちで手を入れてみてください。接続詞一つとることで文章・文体がこんなにも変わるものかと、また一つ、文章について目を開かれる思いをされることでしょう。

ちょっと子供の頃、お母さんに読んでもらったおとぎ話のことを思い出してみてください。「桃太郎」や「浦島太郎」のお話は、なぜあんなにはっきり幼い子供の頭の中に入っていったのでしょう。

今まで勉強してきたことでいえば、それは一つには文が短く正確だったので、子供にもたいへん理解しやすかったからですが、もう一つ、「おじいさんは山へしばかりに行きました。おばあさんは川へせんたくに行きました。」と、余分な接続詞などを使うことなく、明快な文体で書かれていたので、子供も迷いなく理解することができたからです。ためしに、おとぎ話に余分な接続詞を添えてみましょうか。

おじいさんは山へしばかりに行きました。また、おばあさんは川へせんたくに行きました。するとかみから大きな桃がどんぶらこどんぶらこと流れてきました。そこで、おばあさんは桃をひろって家にかえりました。そして桃をわってみると……。

これはこれで文章として間違いではありませんが、すべての文が接続詞でつながれているため、文章がもたついて間延びし、おとぎ話としての面白みが半減していることがわかると思います。

しかし、これも誤解のないように言っておきますが、私は接続詞は全部不要だなどと言っているのではありません。不必要な接続詞の多用、乱用を戒めているのであって、あったほうがいい接続詞、なければならぬ接続詞だってたくさんあります。

そして、そうした接続詞の取捨選択が文章を成功させるための、これまた一つのポイントになってきます。

この「桃太郎」の出だしの文章がおとぎ話として成功するためには、とったほうがいい接続詞はどれで、残してもいい接続詞はどれか、チェックしてみてください。

⑦オノマトペなどを上手に使う

ある受講生が山本安英さんについて書いた短文を読んでみてください。

美しい声が耳もとで

星野弓子

国立小劇場、「子午線の祀り」。

彼女は舞台にぽっかりと浮かび上がる。まるで彼女のまわりに光でつくった祠があるかのようだ。

掌《てのひら》にくるくると包みこまれてしまいそうな小さな体。何も語らず静かに立っている。しなやかさが、そのしぐさから伝わってくる。観る者に訴えかけてくる何かがある。

「あの空のずーっと上の方に……」

白くて細い人さし指が、すっと天を指す。

その最初の、たった一言で彼女がつくりだした小宇宙に体ごと吸い込まれるような、それは不思議な体験だった。

台詞の一言一言が、いや正確にいえば音の一つ一つが、炊きたての、最高に上質のお米のように立っていた。

朗々と響く声、声だけで観客をひきつける力。彼女の声を説明するのに、どんな形容が適当だろう。

美しい声だと思った。明るかった。明るいけれど透明ではない。中味が詰まっているのに押しつけがましくない。研ぎすまされているけれどやさしい。そう、まるで蜘蛛から吐き出された美しく、しなやかで強靭な糸のように、その声は輝いていた。

文章は人そのものだという。その表現を借りれば、声もまたその人をよく表わしているのではないだろうか。

声の質だけではなく、高低、トーン、音を口から出すときの特徴など。

電話の向こうに聞こえる声をたよりに、その人の人となりを想像することは、案外、誰もが無意識に行っていることである。

「夕鶴」の〝つう〟は、木下順二氏が、彼女以外に演ずることを許さなかったという。

それは彼女の生き方そのものが声に表われていて、彼のイメージする〝つう〟と重なっていたからではないだろうか。

そういう意味で、彼女の声の美しさは、彼女の人生の美しさでもあると思う。

既に失われてしまった明治の女のすじ金入りのたくましさのようにも思える。

楽をして、あんなに美しくて艶っぽい声の持ち主になりたいなんぞと思う私などは、きっともうその時点で人生の決着はついてしまっているのだ。彼女はそんなこと爪の先ほども考えたことはなかったに違いない。

その山本安英さんが先日亡くなった。

雑誌に載った彼女の写真を見たとき、たしかに私の耳もとで彼女の美しい声が響いた。

それは彼女の声が肌にしみ入るような秋の夜だった。


この文章に、あなたはどんな印象を持たれましたか。えらく感覚的な文章だな、と思われたのではないでしょうか。それはこの星野さんの文章がオノマトペと比喩の修飾句を多用しているからです。

オノマトペとは、犬や猫の鳴き声を「わんわん」「にゃーにゃー」（擬声語または擬音語）といったり、肌が「つるつるしている」「ざらざらしている」（擬態語）といったりする、音や姿態を写した感覚的な言語表現です。雨が「ざあざあ」降ったり、彼女が「にっこり」笑ったり、ちょっと周囲を見まわしてみると日常生活の中でもよく使っていることに気づかれるはずですが、特におとぎ話や童話・童謡などには頻繁に出てきます。

桃太郎の桃は川を「どんぶらこどんぶらこ」と流れてきますし、雀の学校の先生は鞭をふりふり「ちいちいぱっぱ　ちいぱっぱ」と子雀たちを指導します。宮沢賢治の「風の又三郎」だって「どっどどどどうど　どどうど　どどう」という長い風の擬音語とともにやってくるのです。中原中也の詩でも月は「ぽっかり」出ますし、春の小川は「さらさら」流れる……など、例をあげればきりがありません。

この星野さんの文章では一体いくつのオノマトペが使われているでしょうか。「ぽっかり」「くるくる」……と最初から数えてみてください。

また、この文章には、台詞が「炊きたての、最高に上質のお米のように」立っていたとか、声が「まるで蜘蛛から吐き出された美しく、しなやかで強靭な糸のように」輝いていたとか、結びも「彼女の声が肌にしみ入るような」秋の夜だったというように、筆者が独自の感覚で生み出した比喩の修飾句も使われています。極めて個性的、感覚的な文章ですから、やみくもに真似をするのは危険ですが、この場合は筆者の山本安英さんに対する深い思い入れがあるので、オノマトペや比喩を多用した文章が舞台の山本安英像を描き出し、印象づけるのに役立っています。

題材により、テーマによっては、こうしたオノマトペなどによる表現を工夫してみるのも楽しいものですし、上手に使えば文章を引き立てることができます。

⑧「よい」と「いい」、「ゆく」と「いく」は、どっちを使う？

文章の表記についての細かい問題の中で、こうしたほうが「よい」か「いい」か、会社に「ゆく」か「いく」か、といった質問をよく受けます。

これは「いい」が「よい」の話し言葉、つまりくだけた言い方であり、「いく」も同じように「ゆく」の話し言葉であることを理解すれば、おのずから使い分けもでき、またその文章をどんな感じのものにするか、文章のこの部分にはどんな雰囲気がほしいのかという目的や狙いによっても、どちらを使うかがおのずから決まってくるはずです。「よい」「ゆく」は、話し言葉ではなく、文章を書くときに使う「書き言葉」なのです。

例えば親しみの持てるキャッチフレーズ「いい日、旅立ち」が、「よい日、旅立ち」とか、さらに文語になって「よき日、旅立ち」になったのでは、大げさすぎて、身近な感じがなくなってしまいます。また、「海ゆかば水漬く屍、山ゆかば草むす屍……」は本来、文語体の書き言葉ですから、「海いかば……、山いかば……」となることはありませんし、逆に今日の若者の会話を表現するのに「それより、こっちのほうがよいと思わないか？」「ええ、よいわね」なんて書いたのでは、昔の小説か芝居の台詞を読むようで、いかにも嘘っぽくなってしまいます。

もっとも、「行く」と漢字で書いた場合などには、読み手がその時その場の状況から判断して「ゆく」と読んだり「いく」と読んだりしてくれるのですから、書き言葉と話し言葉の使い分けについては、あまり神経質になる必要はないでしょう。

ただ、ちょっと改まった感じ、いかめしい感じ、本格的な感じの文章にしようと思うときは「こう書くのがよい」「こう書いてゆくべきだ」と書き言葉の「よい」や「ゆく」を用い、くだけた感じ、親しみをこめた感じ、日常的な感じを強調しようと思うときには「こう書くのがいいよ」「こう書いていけば大丈夫」と話し言葉の「いい」や「いく」を使うのがいい(よい)、といった程度に理解しておけば充分だと思います。

ちなみに本書では、実際の講座でお話しした内容を、読者にも親しみをこめてお話しするように書いてみたいと思いましたので、話し言葉の「いい」「いく」を主にし、ちょっと改まった感じのほうがいい(よい)場合にのみ、書き言葉の「よい」「ゆく」を用いて混在させています。

⑨過剰な表現や同じ言葉の繰リ返しは感動を半減させる

文章表現の中でアマチュアが、もう一つ気をつけなければならないのは、過剰な表現や同じ言葉の繰り返しを避けることです。

どんなにすばらしい内容の「自分史」でも、「ものすごくきれいな人」「悲しくて悲しくて涙がとめどなく流れた」「とても言葉では言い表わせないほど大感激だった」「死んでも忘れられない強烈な思い出である」などなど、具体的な内容を伴わぬ空疎で過剰な表現や言葉が出てくると、せっかくの内容まで色あせてしまうものです。

ですから「自分史」で感動的な事実や出来事、喜怒哀楽の感情などを表現するときは、ちょっと抑えて書く、これがコツです。愛の表現なんかでも、「愛している」と言うのと、ちょっと抑えて「忘れられない」と言うのと、どちらが強いか、考えてみてください。

表現とは、そういう微妙なもので、露骨であったり過剰であったりすることはマイナスになることが多いものなのです。十の感動を十二、十三に表現するのでなく、七か八に押さえて表現すると、読む人は言外にあるものまで考えて、書き手の心を十二分に読みとってくれるものです。

それと、もう一つ、感動や感情は言葉だけでなく、具体的な内容で伝えること。「自分史」では書き手は感動や感情の内容について熟知していますが、読み手は内容を知らないことが多いのですから、できるだけ具体的に、読む人にも内容がよくわかるように書かなければなりません。内容がきちんと伝われば、ことさらオーバーな言葉や表現を用いなくても、書き手の感動や喜び、怒り、悲しみ、楽しみなどの感情は読む人の心に自然に入りこんでいってくれるものです。

また、「自分史」の中に同じ表現や言葉が繰り返し何度も出てくるというのも、読む人にとっては、まことに興ざめなものです。同じ表現や言葉が繰り返し用いられる現象を分析してみると、一つは長年の間に使い慣れて、自分ではあまり気がついていないのですがクセのようになってしまっている場合、例えば語尾に「……だったのである」とか「……と言えないこともないのではないか」など、なくもがなと思われるものがくっついたり、「天にも昇る心地」「言語道断」「惨憺たる有様」など、普段常用している言葉があって、つい乱発してしまうケース。そして、もう一つは、最近、覚えたばかりの新しい言葉や表現が気に入って、やたら何にでも使ってみたくなるケースですが、どちらの場合も「自分史」の文章としてはマイナスになりますから、意識して直すようにしてください。

⑩ 整った文章が書ける「起承転結」って何？

「起承転結《きしょうてんけつ》を守って書くと文章が整う、と聞きましたが……」とか、「文章は起承転結で書かなければいけませんか？」というのも、よく受ける質問の一つです。

「起承転結」とは、もともとは漢詩の修辞法で、絶句の四句について、第一句で全体の意を起こし(起)、第二句で受け(承)、第三句で変化させ(転)、第四句で結ぶ(結)、この組み立て方をいいます。

さらに、この考え方を一般の文章の構成にも取り入れて、この順序で文章を組み立てれば、最も安定し、読者が安心して読める文章が書けるということから、今日では文章構成の一つの型とされるようになったものです。つまり、

[起]問題提示、あるいは総意を大づかみに告げる。

[承]「起」を受けて発展させ、具体的に内容を深める。

[転]一転、視点を変えて変化させ、

[結]全体を結論、まとめに導く。

これが組み立て方の順序で、どちらかというと論理的にテーマを発展させていく文章に適した手法ですが、むろんエッセーなどの文章を書くときにも役に立ちますし、文章以外の分野での作品制作(四コマ漫画など)に応用されることも少なくありません。

「起承転結」を踏まえて、きちんと書かれた文章は、たしかに読む人に安心感を与え、説得力を発揮します。例えば、次の文章は講座の課題として受講生の一人が北海道・知床半島の写真を見て書

いた四百字詰原稿用紙二枚の短文ですが、改行（行カエ）ごとに起・承・転・結を踏まえてテーマを展開しているので、論旨明快な納まりのいい文章になっています。

姿を消す場所

高橋宏美

海から見る知床半島は、断崖絶壁の岩肌が延々と続く恐ろしい様相を呈している。この半島の写真を眺めていて、若い頃、大島へ旅行したときのことを思い出した。

あれは大学一年の春休み、卒業旅行をする四年生について、大島一周旅行に出かけたときのことだった。今なら、卒業旅行は海外へ行くのが当り前だろうが、三十年前はまだ海外へという時代ではなかった。ちょっと変った所というわけで大島が選ばれた。たしか、波浮の港の近くだったと思う。私は車座になって休んでいる仲間から一人抜け出して、海の方へと歩いていった。何か、考えごとをしていた。急にぱっと周りが明るくなったような気がして顔を上げると、目の前に海が広がっていた。わーっと思わず歓声をあげた。そこは断崖になっていた。恐る恐る、数歩前へ出た。下を見ながら、ここへすとんと落ちたらどうなるだろうと考えた。波の音で、離れた所にいる仲間達は私が海へ落ちたことに気づかないだろう。私は誰にも気づかれることなく、生を終えることができるかも知れない。うれしいことなのか、さみしいことなのか。もし、将来、どうしても自殺したいと思うことがあったら、迷わずここに来よう、と思いながら仲間のところへ戻った。

チベットや中国の高僧は、爪と髪の毛だけを残して人知れず昇天するという。ずいぶん器用な死に方があるものだと感心するが、あの港近くの断崖から身を投じ、運よく海へ流されてしまえば、人知れず生を終えることができるかもしれない。爪も髪の毛も残さないけれど、きれいさっぱりしていて、かえって良い。

ときどき、友人達と老後や死について話をする。でも、このとっておきの話だけはまだしていない。

では、高橋さんを含めて、こうした文章を書く人は、つねにこの型を意識し、形式にしばられながら書いているのでしょうか。実際には、そうしたケースは極めて稀です。なぜでしょう？「起承転結」とは、実は人間の思考の流れを最も自然な形で定型化したときに生まれてくる形なのです。逆にいえば、自分が書こうと思うこと、書きたいと考えたことをいちばん無理のない、自然な形で定型化すれば、それが起・承・転・結という形になるのです。

「Aさんの自分史の文章はすばらしい。なんともいえぬ味と艶がある。ところが私の文章ときたら、まるで小学生の作文だ。もっともっと勉強しなければ……」、あるいは「このところ、どうも体調が悪い。駅の階段を上ると息切れがし、立ちくらみがする。友人たちの訃報を聞くことも多い。一度、病院へ行ってみよう」というような単純な思考の流れにしても、こうして書き出してみると、ちゃんと起・承・転・結を踏まえていることに気づかれるでしょう。

ですから、みごとに「起承転結」を踏まえた文章を書き上げた人にそのことを指摘すると、よく筆者自身が驚いたりすることがあります。高橋さんの場合もそうでした。つまり、筆者はあまり意識することなしに書き、その結果として「起承転結」の整った名文ができたりするのです。むろん、その前提には、筆者の文章に対するたゆまぬトレーニングがあってのことですから、それはいわば文章作成の理想的なケースと言えるかもしれません。

しかし逆にいえば、ひとつ「起承転結」を使って名文を書いてやろうなどと、型にはめこんで文章を書こうとしても、実際には、なかなかうまくいくものではないということです。むろんエッセーなどで意識的に「起承転結」を整えて文章を書くことは可能ですが、文章を最初から型にはめて考えることは、あまり効果も期待できませんし、おすすめできません。

文章構成のうえで、この「起・承・転・結」に近い考え方に、能や舞踊の世界から生まれた「序・破・急」（序＝導入部、破＝展開部、急＝終結部）や論文の「序論・本論・結論」があります。また、評論家の大宅壮一さんは文章の構成を「まくら」「さわり」「落ち」に分けていたそうです。

全体を四段階に分けるか、三段階に分けるか、の違いですが、書く素材や内容によっては三段階方式のほうがすっきりしていて書きやすく、構成しやすい場合もあるでしょう。「まず導入部」という意識を持って文章を書き出せば、最初から欲張って何もかも一緒に書こうとするようなことはないでしょうし、「さあ、これから展開部」と思ったら、テーマにしている書くべき内容は充分に書いておこうとするでしょう。そして「いよいよ結び（終結部）だ」と自分に言い聞かせて筆をおさめればいいのですから、考え方としては、初心のうちは四段階の「起承転結」より、むしろ三段階の構成を頭に置いて原稿を進めたほうがいいかもしれません。

それもちょっと難しい、と思われる方があったら、せめて「書き出し」と「結び」だけは、ちょっと気を利かせて書くようにしましょう。一編のエッセーにしても、自伝の中の一章にしても、書き出しと結びは、いわば書き手の腕の見せどころです。少し自信がついてきたら自分なりに工夫してみましょう。その効果が出るようになってくると、さらに文章を書くのが楽しくなってきます。

書き上げたら読み返し、推敲をする

文章は、最後の一行を書き終えたら、それで終わりではありません。もう一つ、推敲という大事な作業が残っています。

二百五十年もの間、行方がわからなかった松尾芭蕉自筆の『奥の細道』が、先年、見つかって話題になりましたが、これには、なんと芭蕉自身によって原文の上に紙片が貼られた数十カ所にも及ぶ推敲のあとがあったとか。あの『奥の細道』も推敲に推敲を重ねて完成したものだったのです。

推敲というのは、自分が書いてきた文章の言葉や字句の間違いを見つけて正すとともに「この表現はこれでいいか？」と自分で自分に問うて、文章を練り直し、手を入れる作業です。

大きなところでは、「いつ（When）」「どこで（Where）」「誰が（Who）」「何を（What）」「なぜ（Why）」「どのように（How）」という文章表現の原則である「5W1H」（いつ、どこで、誰が、何を、どのようにしたのか？　それはなぜか？）、つまり書かれている内容がちゃんと読む人にわかるものになっているかどうかから、「だ」「である」調と「です」「ます」調が意味もなく混在してはいないか、「ら」抜き言葉についてはどうか……など、細かい点に至るまで目を光らせて作業を進めます。

この最後のひと手間は、いま目の前にある原稿の文章を、より正確で誤りのないものに仕上げるために必要であると同時に、筆者の文章表現力を高めて、次に書く文章につなげるという効果もありますから、時には他の人が書いた文章を添削するような気持ちで、入念に、徹底して行なってください。

その「ら」抜き言葉についてひと言。

「見られる」を「見れる」、「着られる」を「着れる」、「食べられる」を「食べれる」などと言う、いわゆる「ら」抜き言葉は、まだ完全に市民権を得た言葉ではありませんが、「うちの子、一人でお洋服が着れるようになりましたの」「嫌いだったトマトも食べれます」といった具合で、日常の会話では今や日本人の二人に一人以上が使っていますし、アナウンサーでさえ「松井とイチローの対決が見れますね」と放送する時代で、もはやこれを間違いときめつけることはできなくなってきました。元来、言葉というものは生き物であって、時代とともに変化したり、衰退して消滅したり、また復活したりする面も持っていますから、「ら」抜き言葉が公認される時代もそう遠くなくやってくるのかもしれません。ただ、平成十八年（二〇〇六年）のこの時点では、まだ会話体や現代を象徴する表現の場合などを除いては、「『見れる』とも言いますが、日本語としては『見られる』のほうが本来の表現ですよ」と注釈をつけて添削をしています。

第八章　四百字×四百五十枚の自伝を書き上げた——加藤国男さんの場合

夏目漱石の『坊っちゃん』が好き

加藤国男さんは苦労して育て上げた食品会社を既に長男と次男に譲り、悠々と残生(「余生」はいや、と加藤さんが考えた造語)を楽しんでいる、「自分史」講座の受講生の中でもひときわ意欲的で勤勉な生徒さんの一人でした。

初めて教室へみえたのが、ちょうど戦争中の体験をまとめられた後だったので、書ける、書きたいという気持ちがみなぎっており、「自分史」のまとめ方もすぐに理解して、早速、作業に着手されました。商売のことを中心にし自伝として書くことにも迷いがありませんでしたから、まず全体の構成を考えて各項目の見出し(目次)を書き出してもらいました(第四章「自伝として書くなら」参照)。

これならいける、と見通しをつけたところで原稿に着手。それからは一気に加藤さんの集中力と表現力が爆発し、一章、二章……と書き進めるごとに脂がのってきて、最初の予定通り二年後には四百字詰原稿用紙四百五十枚の自伝を書き上げてしまわれたのです。しかも内容的に見ても、かなりレベルの高い「自分史」に仕上がっており、何よりも読んで楽しく、読む人に力と勇気を与えるものになっているのには、正直いって私も驚きました。日頃、読書と短歌を作ることが楽しみで、夏目漱石の作品が好き、なかでも『坊っちゃん』が大好きという加藤さんは、一たん脱稿した原稿も各章ごとにコピーをとって、そこに登場する人物や関係者にも目を通してもらい、アドバイスを得て、さらに原稿を推敲するという念の入れよう。「いろいろな方の意見を聞いて、まだ手を入れる余地があり、書き足りないことがあるのもわかりました」と、自分が納得できるところまで徹底的に手を入れてから本にされました。

加藤さんの自伝『商い道の五十年』の構成を示す「目次」と、老いの心境を書いた最終章の一部をご紹介しましょう。目次は、「自伝の場合、各章の見出しは、できるだけ内容が具体的にわかるものにしたほうがいいですよ」とアドバイスしたところ、その通りの見出しをつけてくださいましたので、これを見ただけで、読者も加藤さんの足跡の全容を、ある程度はつかんでいただけるものと思いますし、最終章では人生でなすべきことをやり遂げた人の悠々たる「残生」の思いを一緒に味わってみてください。

なお、加藤さんはこの自伝のほかにも、中国戦線従軍の日を回想した「遠き日にわれ戦いに明け暮れし　かの山河よりいま黄砂来る」などの歌をおさめた歌集『歩み来し道』と、日々の思いを軽妙にとらえた自分史エッセー集『一万個の生玉子』も上梓され、晩年はまさに「書くことが生きがい」の人生でした。

『商い道の五十年』目次

晴遊雨読の日々と残生の道

平成二年九月、株式会社・梅屋の役職から一切離れた私は、四十一年間いつも頭の上にのしかかっていた社会的、経営的責任から解放されて、六十九歳からの残生に向けて新しいスタートを切った。

社長として飛び回っていた頃は、朝は何時に起きて朝食をとり、何時に会社に出てすぐ銀行に行き、何時と何時に誰と誰に会う――と、すべて時間に制約されていたが、もうこれからはそれがない。

私は手始めに、朝は自然に目が覚めた時に起きることにした。夜型で、朝の目覚めが弱い私にとって、これは何より有難かった。これなら間違っても睡眠不足になるわけがないし、夜も寝たいときに寝ればいいのだ。

満ち足りた眠りから起き出して、ゆっくり朝食をとり、食後は気の向くまま、思いつくままのスケジュールになるが、それもみな私の時間なので、誰に気がねもない。

世の中には〝お金持ち〟という言葉があるが、私は今〝お時間持ち〟になれたのだ。

これから迎える毎日は、若い頃からの多趣味が幸いして、幾通りにでもスケジュールが立てられる。晴れた日は気ままに出かけて、雨の日は読書や短歌づくりなど、〝晴遊雨読〟の日々になった。

何にでも好奇心の強かった私は、何でも見てみよう、やってやろうと忙しい仕事にもかかわらず、今までさまざまな趣味を楽しんできた。金も暇もなかった戦前は、読書、映画、ラジオの軽音楽くらいで精一杯だったが、月五円の安月給を埋め合わせるつもりか、父が発売されたばかりのミノルタカメラを、大枚二十四円五十銭も出して買ってくれたので、しばらくはレンズを通しての映像作りに夢中になった。

そんな私も軍隊に入る時が近づいたので、あわてて体力づくりのため、弓道や水泳、山歩きなどを始めたが、これは趣味とはいい難い。

それでも軍隊では弓道のコツが役立って射撃の成績は上位に入り、山歩きのおかげで、どんな強行軍にも堪えられたので、何とか兵隊の仲間入りができた。

戦後、家業の和菓子屋を再開したが、日本経済の成長にも助けられて、会社はどんどん大きくなり、取引先や従業員も増える一方で、私の責任は重くなるばかりだった。このストレスをやわらげてくれたのは趣味だった。取引先との交際上、麻雀やゴルフ、夜の銀座や渋谷でのバー巡りなどもそれなりに楽しんだが、ドライブやボーリング、ダーツゲーム、短歌、映画、演劇、寄席、写真から進んだ絵画鑑賞、コンサート、さらには海外旅行、クルーズ客船ツアー、後にはクレー射撃など、浅いが広い趣味を時に応じて楽しんできた。

そのうち、会社の業績が上がるにつれて私の収入も増えていったが、仕事はそれ以上に増えてしまい、金はあっても暇がないという〝時間貧乏〟になってしまった。ならばと考えた私は一点豪華主義でいくことにした。同じ程度のものを二度、三度と行くよりも、一流レベルのものを選んで、どかんと楽しむのだ。

そうなると二流以下のものでは見劣りがして行く気になれず、結果的にはこの方が時間も金もかからないことになる。国内では人間国宝と言われる名人芸の演劇や絵画、海外から次々に来る一流の美術品や名画、コンサート、演劇、イベントなども欠かさず出かけて楽しんだ。遠いロシアの美術館から運ばれてきた「第九の波涛」や「忘れえぬ女《ひと》」などの大作とは心に残る出会いがあった。

＊

そんな中でも一貫して続けたのは読書だった。戦記、英雄伝、立志伝、探検記、紀行文、近代史、写真集、画集、詩集、小説などから得た知識が私の視野を広げてくれ、人生のロマンを描いた多くの長編小説は未熟な私の人生に色々な示唆を与えてくれた。

こうしてよりよいもの、より優れたものをと求めて仕事も趣味も高めてきたが、仕事から身を引いた今では趣味もこの辺で充分だと思うようになった。一点豪華主義のおかげで、それ以上のものをと思っても、そうそう出会えるものがなくなってきたからだ。

戦後、かつての戦場だった中国山東省、河南省を再訪した時、中国人のガイドが私たちのツアーグループを見て「走馬看花《ツオマカンホワ》(馬を走らせて花を見る)」と言った。日本人はきれいな花を見ても、もっと先にもあるから沢山見ようと馬を走らせるが、きれいな花ならなんでゆっくり馬をとめて見ないのだ。より多くの幸せを山の彼方に求めるよりも、足元から幸せを見つけ出せば、それで充分ではないか、というのだ。私は目を開かれる思いがし、残りの人生観をこれに切り換えた。

海外旅行も戦中戦後を通じれば二十八カ国を回っていて、いまさら出かけることもなく、テレビが世界の未知な国々の風物や文化を紹介してくれるので、居ながらにして海外の知識は得ることができるし、かつて訪れた国々の映像は旅の思い出を鮮明によみがえらせてくれる。

また、手近な百貨店の画廊などを回って、新進画家の作品から、その将来性を予見するのも楽しいし、次の世代が若々しい意気込みで繁昌させている同業者の店を訪ねるのもいい。そこにはかつての自分の姿を見る思いがあって心楽しく、求められれば遠慮なく苦言も呈してくる。こうした折の行き帰りで書店に寄れば、ゆっくり拾い読みして好きな本を選ぶ時間もたっぷりある。

＊

家から梶が谷駅まではバスに乗らず、いつも歩いていく。信号待ちや渋滞でつかえ、不愉快な揺れ方をするバスよりも、軍隊仕込みの確かな足取りで、額に汗がにじむほどの速歩で歩けば、身体中の新陳代謝が促進されて身も心も軽くなり、口笛さえも吹きたくなる。道はバス通りを行かずに脇道を行くので車も少なく、赤信号もチョロリと無視して通り抜ける。

途中の公園では子供たちがサッカー遊びに夢中だ。急ぐ旅でもなし、立ち止まって観戦していると、シュートを受け損なったボールが足元に転げ込む。とっさに蹴返してやると、思いがけないスピンが利いて、その子の足元にストンと止まった。オーッという顔で私を見上げ、「おじさん、ありがとう」と元気な声で礼を言う。〝おじいちゃん〟でなかったな、と頬がゆるむのも他愛がない。

梶が谷の駅前には行きつけの明るい喫茶店「コロラド」がある、駅の構内を見下ろすビルの二階にあり、広い窓から見渡せる眺望はちょっとしたものだ。きびきび働くウェイトレスも爽やかで、私の注文はいつもアメリカンコーヒーに決めている。運ばれて来たコーヒーを啜《すす》りながら、私は原稿書きを始める。戦前戦中から戦後を通じての自分史を断片的に書きためていたものを、暇ができた今、ゆっくり筆を入れて仕上げをするのだが、昼下りの暇な時間なので、窓際の一等席を長々と独占していても決して嫌な顔をされない居心地のいい店なのである。

原稿書きが行き詰まると煙草に火をつけて一息入れ、広い窓から駅のホームをぼんやり眺める。電車の発着ごとに人の流れが入れ代わり、そこにはさまざまな人間の生活の息吹きがある。都会育ちの私は、こうした中に何のかかわりもなく身を置くのが好きなのである。孤独は淋しいが、さりとて煩わしい人間関係のただなかに身を置くことも今では厭《いと》われる。身の処し方の落ち着いた今では、つかず離れずの間を置いてこれらの人々を眺める一刻が、平穏なわが身を振り返ることのできる至福の時間なのかもしれない。

＊

わが家には、折にふれて五人の子供たちが手料理を持ち寄って集まるが、それに五人の男孫と孫娘一人が加わるので、賑やかなことこの上なく、日頃家内と二人だけの静かなわが家が、その日だけは久し振りに昔の大家族にかえって、明るい談笑が湧く。

やがて、その団欒から抜け出した五人の男孫が「おじいちゃん、ダーツをやろう」と挑戦してきて、恒例のダーツゲームが二階の私の部屋で始まる。賞品は、日頃から町で珍しいミニチュアカーや鉄道模型、縫いぐるみやひょうきんな木彫りの小動物などを見つけて買っておいたものを並べ、得点の高い者から選択の優先権を獲得して順に取っていくのである。

また、戦後、小さな和菓子屋だった頃、住み込みで家族同様にして働いていた店員たちが「梅の実会」という会を作っており、会合のたびに私を呼んでくれる。今ではそれぞれ店を持って立派に商売をしている者ばかりである。

顔を合わせると、どうしても四十年前の苦労話になるが、「梅屋さんにいた時は社長にハッパをかけられて、こん畜生と思ったけど、今になってみると、あの時くやしまぎれに頑張ったことが自信になって、今の私があるんですよ」などと言われると、本当に恐縮する。つたない私のひと言を今も覚えていて、それに打ち勝つ根性があったればこそ、商売も成功したのだと思う。

さらに中国戦線で苦楽を共にした戦友たちとの集まりもある。

皆七十歳の坂を越し、それぞれ異なった生活の中にいるが、会えばたちまち貴様と俺の昔に返る。お互い年相応の容姿になってはいても、野戦仕込みの鋭い眼光は衰えず、身体にだけは気をつけて頑張ろうぜ、と言い合う言葉は、明日の命さえ知れぬ戦場で励まし合いながら交わした言葉が、そのまま続いているように思えてくる。生き死にの戦場をくぐり抜けてきた連帯感の絆は今も強く、何でも遠慮なく言い合える仲なので、「おい、この中で一番長生きする奴は誰なんだ。そいつは気の毒だぜ。仲間が誰もいなくなって淋しいぞ、きっと」なんて言うのが出てくる。長生きは誰も望んではいるが、確かに一人、取り残されるのも辛い。誰もがそれを思うのか、別れるときは「今度会うまで元気でいろよ」と、しっかり目と目を見合って別れるのだ。

＊

こんな生活の変化から、最近はだんだん金の使い道も減ってきて、自然に金は余ってくる。さりとて無駄に使うこともない。会社の発展につれて無理な借入金をし、返金や利息で追い回されていた頃を思えば夢のようで、金への執着がなくなれば欲もなくなり、かわって気楽なゆとりが手に入った。

この果報を思えば、私の残生は人や家族に迷惑をかけないことこそ願いとなる。交通渋滞で混雑している都内には車で行くことを止めた。忙しく働いている人たちの邪魔にならないよう、車は一台でも少ない方がいい。電車で行けば、駅の階段の上り降りなど、衰えがちな脚力のトレーニングにはもってこいだ。その電車もラッシュ時には利用しない。働く人々で、ただでさえ混み合う中に乗り込むよりも、ラッシュが終わってから行けばシルバーシートはいつも座れて、ゆっくり読書も楽しめる。

＊

大正生まれの私は、明治生まれの父が身をもって示してくれた「質素」「勤勉」を守り、そして口ぐせのように言っていた「人さまに迷惑をかけるな」「世の中に喜ばれるような仕事をしろ」「そんなことをしたら世間さまに笑われるぞ」という、恥を知る人生を生きてきた。

戦前、そして戦後を通じ、梅屋という会社とともに、ひたすら商い道を歩んできたが、この間、人に迷惑をかけることもなく、世の中に喜ばれるよう仕事にも励んで、大過なく過ごせたことを今も幸せだと思っている。しかし私には、これからまだ世間から笑われないように過ごすべき残生がある。それを思うと、体力、気力とも年ごとに衰えるなかで、これからの一年一年は上り坂を登る思いにも似て、さらなる根性がいる、と自覚している。

＊

秋も深まる平成六年十一月二十二日、身内の者だけが集まって、実母加藤いさの七十回忌法要を西多摩霊園で行なった。

生後四年九カ月の私を残し、三十歳で世を去った母の心情が、改めて胸に迫る。母のたった一人の子供だった私が、七十年たった今日、五人の子供やその連れ合いに孫までまじえた十八名と顔を揃えて墓参に来ているのだ。一人の母から生まれた血縁は今もここに絶えることなく子から孫、ひ孫へと引き継がれて、母の生命力は生き続けている。私は心の中でそれを告げて、せめてもの慰めとした。

薄命の母に比べて私は七十七歳の今日を迎えているが、私の残生もまた有限である。いつかは鬼籍に入り肉体的には消滅するが、その生きざまから生じた生命力が無限に生き続けることを母は教えてくれた。

自然の摂理の深淵さは計り知れないが、そのはざ間に生きる私の一生の重みを改めて心に問い、最後まで笑われない晩節でありたいと思う。

第九章　ワープロを習得して私家版エッセー集を完成——松田志めさんの場合

亡き夫への鎮魂の思いから

松田志めさんはエッセー集『紅梅』の「まえがき」に、これを書こうと思った動機について、次のように記しています。

> 平成五年一月十八日、夫は私を残し一人旅立って逝った。
> 夫の好きだった門辺の紅梅が、逝く人を見送るかのように例年より二、三週間も早く咲きはじめていた。
> 次女夫婦に支えられ葬儀、納骨を済ませたが、私の受けた衝撃は大きく、容易に立ち直れないでいた。迂闊《うかつ》者の私はなんの心準備もできていなかったし、孤独と辛酸に襲われる心境もわかっていなかった。
> 平穏無事に過ごしてきた何十年とは一変した環境に置かれ、寂しさに耐える毎日は過去への

追憶の日々でもある。

夢中にやってきた子育てと更に続いた四十数年の生活は、夫の庇護もあって、あまり苦労とは思わずにきた。忘れていた平凡だった過去の些細なあれこれが、今になって自分でもびっくりするほど克明に甦る。そんなとき、書いておこう、そして、どんな形でもよいからまとめて追憶の記として残しておきたい、と考えるようになっていた。

生涯を通して、化学関係の仕事をしてきた夫が、退職後は俳句、書道、絵に打ち込んでいた姿を思い浮かべるとき、

「やってごらん、いいことだから」

と言っているように感じたからでもある。


こうして松田さんは身辺のことや過去の思い出をエッセーとして書き始めました。

最初は思いつくままに、とりとめなく自己流で書いておられたようですが、「自分史」の講座に参加されてからは、ご主人との思い出を主にした「自分史」的エッセー集にしようという目標もしっかり持って、講座があるごとに一編、また一編と原稿が提出されるようになりました。講座では熱心に文章の勉強もされるので、たちまち表現力も上達し、後には私もびっくりするような名エッセーが提出されるようになったのです。

こうして約一年半ほどの間に書かれて提出された作品を一冊にまとめたのが、A5判一九〇ページの松田志めエッセー集『紅梅』で、ハードカバー・角背の表紙は松田さん自身の着物の気に入った柄の部分を生かして美しく装幀がなされています。

結婚前のご主人との触れ合いを描いた、私が名品と思う一編を読んでみてください。

苺のお土産

昭和十八年、真珠湾攻撃から始まった日米戦争も、この年には二年目に入り、日本は敗戦への道を辿りつつあった。

その年、山本五十六元帥が戦死されたとき、私は東京にいた。ラジオでそれを知った級友から、悲愴な面持ちで告げられ、重い空気が流れたのを覚えている。しかし戦争は主に南方で行われていたから、本土は空襲もまだ無く、私たちは安全に学生生活をしていた。

私は東京女子専門学校家政科の二年生で、中野にある母方の伯母夫婦の家に下宿をし、湯島の学校まで通学をしていた。

学校は明治十四年創立で、和洋裁の教育者養成の伝統を持ち、世間では裁縫の「渡辺」と創始者の名前で名が通っていた。

当時の一般的な親たちがそうであったように、私の両親も、四人の娘たちが料理、裁縫、育児を学び、良妻賢母になるのが女性の道であり、幸せであると信じていた。私たち姉妹はその期待通り、四人とも皆家政科に進んでいる。

二年生になって間もないある日、私は学校で小さな出来事に遭遇した。五十年の歳月を経た遠い昔のことながら、今なお記憶が甦るのである。いや少し違う。私の中にずっと眠っていた記憶が、何かのショックにより蘇生し、目覚めたと言ったほうが、より正確かもしれない。

その日、午前の授業が終り、先生も教室から出て行かれた。皆の雑談が始まり、緊張のあとの気の緩んだひとときで、多分昼のお弁当の前だったのだろう。まるでサイレント映画の一場面のように、教室内の全体図が私の脳裏に焼き付いている。

五十人ほどのクラスの中、私は背が高い方なので、後部席だった。廊下側でも窓側でもない真ん中辺りに腰掛けていた。なのに私がどんな服装をしていたのか、まわりの人々が誰だったのかは思い出せない。

そのとき、和服を着た事務局の女子職員の方が後から入ってきて、

「堀内さん、いらっしゃいますか」と呼んだので、

「はい」私は立ち上がった。

「あなたに贈り物が届いていますから、受付まで取りにいらして下さい」

私に贈り物が？　誰が、何で、どうして学校なんかに。思い当たるふしがない。母だったら下宿先の伯母の家に送ってくるだろう。狐につままれたような気持ちで受付へ行くと、綺麗な箱包みを渡された。

「先ほど、この方がおいでになって、あなたへと置いていかれました」

「ええっ！　いつですか。もう帰ってしまったんですか？」

私は入り口あたりを見回し、校門へと目をやったが、そこには誰一人、影も形も見えなかった。

箱包みには義兄の名刺が一枚だけ添えてあり、箱の中には大粒の熟した赤い苺が沢山並べられていた。義兄は私の二番目の姉のお婿さんで、姉たちは姫路市に隣接する網干で社宅住まいをしていた。

内地も、その頃すでに食糧事情はかなり切迫しており、人々は御飯にさつま芋を入れたり、野菜の自給自足をしたりして不足を補っていた。義兄も社宅の空き地で家庭菜園をしていて、大変上手だという話だった。

この苺は、当然家庭菜園からのもの、ということはわかったが、網干から出張で上京してきたのだろうか。苺はよほど沢山採れたのかもしれないが、なぜわざわざ忙しい最中に届けてくれたのか……と、あれこれ想像を巡らせた。その後、お礼を言ったのか、礼状くらいは出したのか、その辺は全然記憶に残っていない。

苺の旬は、初夏の若葉の季節である。思いがけないお土産と一枚の名刺。置いていった人の姿も無い校門の静けさ。どこかミステリアスだったあの日の印象が、今、私の頭に昨日のことのように甦る。

その日から六年の歳月は経て――

太平洋戦争は既に終わり、私は日本楽器にお勤めをしていた。三番目の姉も三、四年前にお見合い結婚をしていて、末娘の私だけが両親と高塚に住んでいた。高塚は、その頃まだ浜松近郊であったが、父の郷里である馬郡には一歩近づいていた。

そんな折、二番目の姉、網干に住んでいた姉が急の病死をした。網干には会社の診療所しか無く、充分な設備さえあったらと惜しまれて、姉は三十二歳の若さで亡くなった。昭和二十三年六月のことであった。

残された義兄、義朗さんと私は、両親の強い希望と周囲の人の勧めで昭和二十五年二月に結婚をした。私、二十四歳の誕生日を迎えた日である。今思うと私は実に従順だった。若さゆえ、ろくに世間を知らなかったせいもあるが、親の薦めに従うしか道はないと思い込んでいた。父は義朗さんを心底信頼していたから、私が幸福になるという確信を持って薦めたのである。

戦死した長男の残された嫁と、残っている次男が結婚するのも家族制度を重んじた当時としては当たり前であり、姉の亡くなった後に妹が嫁すのも、誰もが考える常識だった。日本の家族制度は一朝一夕には変わり得なかった。

私と義朗さんは四十三年間連れ添ったが、彼に感謝する気持ちを私に残して、彼はこの世を去った。

苺を届けてくれた日からは、一体何年になるのだろう。夢としか言いようのない長い半世紀である。あの日の赤い苺は、私にとって運命の赤い糸であった。甘酸っぱい追憶の思いが胸いっぱいに拡がる。

ミステリアスだったあの日の数々を、日常の平和な談話の中で、どうして尋ねておかなかったのかと悔やまれる。聞くすべもない今、むしょうに彼に会いたい。そしてなんでもない普通の会話がしたい。叶わぬことと知りながら、胸かきむしらるる私に、ひとの言う、「年薬《としぐすり》」なる物が効くときがくるのであろうか。

生きてきた時間と生活の記録

『紅梅』には、こうしたご主人の追憶とともに、ご主人の病気が発見されてから別れに至るまでの病状の経過や夫婦の日常が記されていて、松田さんが最初に意図した「追悼記」としての役割を十二分に果たしていています。「別れ」の章から、そんな文章の一端を拾ってみましょうか。

晴天の霹靂《へきれき》

忘れもしない平成四年七月二十六日は、梅雨も明け、暑い夏の日が本格的に始まろうとしていた。その日、夫は二泊三日のドライブから夕方、帰宅をした。一日目はジュラコン会の招待ゴルフに参加をして富士に一泊し、二日目は浜松まで足をのばし、母校のクラス会に出席をしての帰宅である。

ゆっくりしたスケジュールだし、これくらいのドライブはいつものことだった。帰宅した夫は、この日、初めて胃の不調を訴えた。しかし、外観から見る限り食欲はあり、普段と特に変わった様子は見られなかった。

翌日、近くの主治医に診察を受けに行き、毎年恒例の定期健康診断も受けてきた。数日後、その結果がわかり、設備の完備した関東中央病院で精密検査を受けるようにと指示され、紹介状をいただいた。

その病院ですべての検査を終え、担当医から診断を告げられたときの私の驚きは、まさに晴天の霹靂であった。夫は胃癌であり、肝臓にも転移しているというのだ。どうしようとうろたえながらも、夢であってくれと願っていた。

別れの言葉

夫は亡くなる二日ほど前に、自分の葬式、墓の指示を典子に告げた。

「お母さんがいないときに言っておくから」

と病院の個室で、私が家に帰った間に父から切り出され、典子はそれを泣きながら聞いたという。

私には別れを意味する言葉は何一つなかった。なぜ別れの言葉を交わさなかったのだろうか。そんなものかもしれない。私は「お父様、有り難う」と言いたい気持ちがいっぱいあったのに、何も言えなかった自分の勇気のなさに後々ずっとこだわっていた。

夫がこの世を去って三年も経った最近、やっとこんなふうに思い始めている。最期の半年間、あの凝縮の日々は、神様が私たち二人にお与え下さった、お互いを感謝しあう日々だったと、そして、すべての会話がお別れの言葉であったのだと。

台所で好きなソファに腰掛けている夫と、台所に立ちながら私はこんな会話を交わしている。

「僕は病気になってから精神的にはとても幸せなんだ。恵まれて充実しているよ。夫婦の絆が、より固くなって嬉しいんだ。幸せだ」

と、そのようなことをポツリポツリ話してくれた。

「私もお父様が病気になってから、今まで気づかなかったお父様の有り難みがわかるようになりました」

そう正直に告白をした。

「そうだな。普段はお互いぞんざいになるけど、病気になると有り難みがわかるなあ」と夫。句集出版の際、私がカードに書いて贈った、今まで言ったこともないような言葉も、お別れだったからこそ、あのように赤裸々に書けたのだと、今思う。

自分で車を運転して「かもがわ」に食事に連れて行き、看病する私に感謝の気持ちを表してくれた夫。

体調の悪さを押して門扉を塗り、物干し竿を切ってくれた夫。

どれもこれも決して忘れ得ない私たちのお別れの挨拶であった。


そして、さらにこのエッセー集には、松田さん自身の生い立ちに関する文章も、父のこと、母のこと、姉妹のこと……と、いろいろ収められており、子育てや友人・知人に関すること、「生きがいを見つけたい」と特技を生かして始めた編物教室のこと、アメリカ・ニューヨーク州から松田家にホームステイして家族同様になったシャロンの話などなど、松田さんが生きてきた時間と生活に関する様々な事実や出来事がテーマとして取り上げられています。つまり、このエッセー集は、まぎれもなく松田さんの「自分史」であり、松田さんでなければ書けなかった、世界でただ一つの貴重な記録なのです。

総経費八万円弱で私家版十部を制作

こうしてエッセー集『紅梅』の原稿はできあがりましたが、これを本にすることに関して松田さんの希望は実にはっきりしたものでした。「自分の真実の思いを知ってもらうために、娘たちと身近な人には、ぜひ読んでほしい。しかし今の時点では、それ以外の大勢の方に読んでいただくことまでは、まだ考えていないので、まず十冊だけ本を作りたい」と言われるのです。

ところが、後の「『自分史』を本にする」(第十四章)の項でも触れますが、これは本を作る側の人間にとっては、なかなか難しい希望であり注文なのです。

というのは、本にするためにかかるコスト(制作費)の中で最も金額が大きいのは、製版、つまり印刷用の版を作る費用です。そして版を作ってしまえば、あと必要なのはこれを刷る費用と用紙代だけですから、印刷部数が多くなればなるほど、一部当たりの単価は安くなります。逆に十部だけしか作らない、ということになると、一部当たりの単価はすごく高いものになってしまいます。つまり金額の点だけでいえば、小部数の本ほど贅沢な本ということになりますから、もし松田さんの希望通りにこれを十部だけ自費出版するとなると、一部当たりのコストは莫大な金額になってしまうのです。

このエッセー集の性格からいっても、まず故人とゆかりの深い何人かの人に読んでもらえればいいので、なるたけささやかな形で本にしたい、というのが松田さんの気持ちでしたし、私としてもつねづね「自分史」はなるべくお金をかけないで作ることが望ましい、と思っていましたから、それならちょっとたいへんですが、もうひと手間かけて、半分手作りで本にしては……と、おすすめしました。つまり版を作り、印刷をする代わりに、自分でパソコンかワープロを打ち、複写機でコピーをとれば、それでも本はできるのです。

いろいろ話し合った結果、松田さんも、それなら一つやってみようという気になられ、書き上げた全部の原稿をワープロで打ち直すという第二の作業が始まりました。なんでもお嬢さんが使っておられたワープロを借りて始められたとかで、初めのうちは、えっ！と驚くような初歩的な質問がとび出したりしましたが、持ち前のカンのよさと熱心さ、辛抱強さで、すっかりワープロ技術をマスターし、ついに一人で全原稿をワープロに打ちかえるというたいへんな作業をやり遂げてしまわれました。

あとはこれをコピーして製本すればいいのですが、製本だけは素人の手作業でなく、専門家にお願いしたい、そしてさらに思い出を添えるため、装幀には自分が好きだった縮緬《ちりめん》の小紋を使いたい、というのが松田さんの希望でした。

幸い東京・神田の浦野製本株式会社がこれに応えてくれ、カラーコピーのとり方まで親切にコーチしてくれましたので、エッセーの間には亡きご主人や家族の写真、セピア色になった自分の幼い頃の写真まで入れて、製本以外の全作業を、松田さんは自力で完結してしまったのです。

製本した十冊のうちの一冊を私も頂戴しましたが、中のエッセー一編一編の文章も一生懸命なら、本造りにも一生懸命であった筆者の姿がいつも思い出されて、ひときわ印象深い「自分史」として大切にしています。

ちなみにこの私家版のエッセー集『紅梅』の一冊当たりの経費は六、八九〇円、全十冊の制作にかかった総経費は反物の洗い張り代、裏打ち代まで含めて七九、九〇〇円でした。その内訳は次の通りです。

＊一冊当たり＝両面コピー代（一枚三〇円×九六枚）　二、八八〇円
カラーコピー代（一枚二七〇円×三枚）　八一〇円
製本代　三、二〇〇円
計　六、八九〇円

＊総経費＝コピー・製本代（一冊六、八九〇円×一〇冊）　六八、九〇〇円
反物洗い張り代　八、〇〇〇円
反物裏打ち代　三、〇〇〇円
計　七九、九〇〇円

第十章　「自分史」の取材と資料の生かし方――本田益夫さんの場合

いちばん大事な取材源は「人」

「自分史」は自分のことを書くのだから、なにも取材したり調査したりする必要はないだろう、と考えている方があるとしたら、それは大きな誤りです。

さあ「自分史」を書こう、と決心して、改めて自分自身や身内の誰彼から、あの人、あのこと、あの日の事件……とテーマや素材になりそうなものを記憶の糸をたぐって思い起こしてみると、自分自身について、また大事な人や事柄について、普段はいかにいいかげんに過ごしていたかが、よくわかるはずです。なんとなく記憶には残っていても、ディテール（細部）についてはほとんど何も知らなかったり、ほんのちょっとしたこと、たとえば日時でも、場所でも、人名でも、記録として正確に書くためには「ちょっと待てよ。調べてみなくちゃ……」ということが、いかに多いことか。

そんなとき何よりも頼りになるのは、やはり第一に事情をよく知っている「人」です。特に古いことをよく知っているお年寄りは、「自分史」にとっては本当にありがたい存在です。ぜひとも元気なうちにご存じのことを話しておいていただきましょう。もし、それが「自分史」の中の大事な項目になるような場合には、できればテープレコーダーなどで肉声をとっておいたほうが、より正確な資料になります。

また、お年寄りに限らず、事情をよく知る人から取材する場合、事実関係を確認するだけでなく、ある程度「自分史」の内容になる話が聞けるようなときは、ただ聞き流すだけでなく、必ずメモをとって記録するようにしてください。そのときは、はっきり覚えているつもりでも、人間の記憶ほど当てにならぬものはありません。後になると必ず細部の事実関係にあやふやなところが出てきて、再度、取材しなければならなくなったりします。

引用ははっきりわかるように

「人」の次に大事な取材源や資料になるのは「書かれたもの」です。戸籍や不動産関係の書類などのように役場や登記所で入手できる公的なものと旧家の蔵の奥や箪笥《たんす》の底に眠っていて探し出さないと手に入らないような私的なものがあります。さらに同じ「書かれたもの」でも、日記、手紙、家訓、遺言状のように意識して書かれたものと、賞状、成績表、卒業証書、召集令状、公報、通知状のように、保存されて、たまたま残ったものがあります。「自分史」に生かして記録する方法としては、次の三つのケースが考えられます。
①内容を充分に咀嚼《そしゃく》して、「自分史」の文章の中に、読む人がよくわかるように地の文の一部として書き込む。そのまま引用する部分があったら、カギカッコなどでくくって、地の文に溶け込

まないようにする。
②地の文とは別に、資料の全文または一部を、そのまま書き写し、必要な場合には注釈を添える。
③特に重要な意味を持つ資料の場合、写真に撮って添える。キャプション（説明文）を忘れないように。

そして三番目に考えられるものが、一般に「資料」と呼ばれる、書籍、雑誌、新聞、写真集、年表などの刊行物です。「自分史」では多くの場合、記述する内容の確認や時代・社会・生活・風俗・習慣などを書くための参考資料として使うことが多いでしょうが、原文を引用する場合には必ずカギカッコなどでくくって引用部分がはっきりわかるようにし、後にこれもカッコなどでくくって出典を明らかにするのがマナーです。

二年半かけて書いた資料原稿一千枚

受講生の中に、こうした取材と資料集めに二年半もの間エネルギーを注ぎ続け、スケールの大きな「自分史」作成作業に取り組んでいる人がいます。本田益夫さんです。

本田さんは、最初から「私は長期戦でやりますから、よろしく……」と特徴のある日本語で挨拶をされ、おやっと思いましたが、話をうかがうとハワイ生まれの日系二世とのことで、「ちょっと変わった自分の半生を、きちんとした日本語の文章でまとめておきたい」というのが受講の動機でした。

さらに話をうかがうと、自分の両親のルーツや広島県生まれの父親がハワイへ渡ったいきさつ、当時のハワイの日系移民の実情とその歴史、戦争中の日本陸・海軍の動き、特に自分も参戦したフィリピン・ルソン島での戦闘の詳細、つき合いの多かった華僑の人々のことなど、じっくり調査・取材し、資料も集めて勉強しなければならないことがたくさんあるので、「まず三年がかりくらいでそれをやり、調べたことと資料を主にした資料原稿をワープロで打ってしまいたい。それから本原稿にかかります」と、最初に言われた「長期戦」の内容を説明してくださいました。

つまり私の言う「自分史ノート」の記載内容を、年譜やメモ・項目・短文にとどめず、一応、全部「資料原稿」として文章化し、それを整理・推敲して本原稿にしたい、と言われるのです。「むろん、それがやり遂げられれば、それ以上のことはありませんが、そこまでできますか……」と私も最初は半信半疑でしたが、「日本語の文章表現にも、まだ若干不安がある」と言われるので、その勉強も兼ねてやってみよう、ということでスタートしました。

そしてそれからは、講座のあるごとに、一度も欠かすことなく分厚い本田さんのワープロ打ちの「資料原稿」が提出されるようになったのです。その勤勉さと意志の強さには私も脱帽するしかなく、しかもよく調べて書かれている内容は、まさに波瀾万丈の物語で、「資料原稿」とはいうものの、ぐいぐい人を引き込む魅力がありました。

そして約束通り二年半後の講座に最後の「資料原稿」が提出されました。現在は、これを整理・推敲して「本原稿」にする作業が進行中です。

私の手元にある受講生一人一人の提出原稿を収めた袋の中で、いま一番ふくらんでいるのは、この本田さんの袋です。ためしにワープロ打ちの「資料原稿」の束を、四百字詰原稿用紙に換算してみると、なんとこれが一千枚に近いことがわかりました。つまり本田さんは二年半の間、疑問のあるテーマについて調査し、資料を集め、その内容を毎月、四百字三十枚以上の原稿にしてワープロを打ち続けて来たのです。私は再度、脱帽せざるを得ませんでした。

日本とアメリカ――二つの祖国の間で

「資料原稿」によって、本田さんのプロフィールをご紹介しましょう。

大正九年（一九二〇年）、ハワイのマウイ島に生まれた本田さんは、三歳のとき、家族とともに本家のあった広島県の田舎に帰国しますが、八歳で父親を亡くし、十六歳のときに今度は単身マウイ島のラハイナへ渡ります。ラハイナやホノルルのクリーニング店などで働くうち、日本とアメリカの間に戦争の気配が高まり、同時に本田さんの徴兵の時期が近づきます。

当時、ハワイの二世たちには日本とハワイ（アメリカ）という二つの祖国があったわけで、本田さんの迷いもピークに達します。原稿から一部を抜粋してみましょう。

日米摩擦の暗雲たちこめるホノルル

ハワイを永住の地として生活を営む日系人にとって、日米関係の摩擦が日増しに重圧の度を加えて行く状況には、誰もが口に出せない、また、どうしようもない重苦しさがあった。日系のハワイ住民は、政治的にも経済的にも全くの無力で拱手傍観《きょうしゅぼうかん》のほかなく、日米動乱前夜の激しい渦の中に巻き込まれて、みな困り果てていた。

一九三九年（昭和十四年）七月二十六日、アメリカは「日米通商航海条約」破棄を通告した。風雲は急を告げ、マスコミの排日の嵐は日増しに激しくなって行った。

この年、アメリカは満二十一歳に達した青年男子に徴兵登録を施行し、青年の適齢者に徴兵検査を実施した。日系二世達にも徴兵登録の義務があった。

従兄の友人達も徴兵適齢の青年達はみな徴兵検査を受け、合格者はホノルルのスコッフィールド兵営に入営して行った。

パールハーバーの建設工事は急ピッチで進んだ。労働者の募集にも拍車がかかり、賃金の高騰が町の噂にも上った。軍港の突貫工事のブームに景気は沸いていた。わが勤め先のオハイオ・クリナース前のベレタニア街の道路は、夕方の退社時刻になると、パールハーバーからダイアモンドヘッド方面の住宅地に帰る車で混雑し、その渋滞振りは大変なものであった。

アメリカの一九四一年兵の徴兵検査の時期が私の徴兵適齢期であった。

オハイオ・クリナース店主の才田氏は、四〇年の暮れから私にアメリカの徴兵検査を受けるのかどうかを、再三問いただされた。質問の裏には、できれば日本の徴兵検査を受けるべく「日本に帰ってもらいたい」という意志が、言葉にはされないが、明々白々であった。才田夫人は京都出身の方で、大の日本贔屓《びいき》だったから、彼女のプッシュもあったのであろう。

二重国籍の狭間に揺れて

一九四一年（昭和十六年）の正月早々、才田氏に「どうすることにした？」と、また問われた。

私の日本の徴兵検査の適齢期は前年であったので、一年延期の手続きはしてあった。日本式にいえば、昭和十五年兵である。

いずれにしても、アメリカ籍にしてハワイに踏みとどまるか、日本に帰って日本籍の日本人になるのか、二者択一の最後の決断を迫られた。

米領ハワイの豊かな生活は、簡単には捨てることができなかった。帰布組の日系二世であった私は、丁度、昔話の大岡裁判の裁きの庭で、実母と義母に両側から手を引っ張られている子供のような心境であった。

事態は恩讐を越えてアメリカに忠誠を尽くす義務があった。だが、少年時代に日本で受けた教育の影響で、日本への祖国愛の意識が胸中に去来した。

もう右顧左眄《うこさべん》する時間的な余裕はなかった。最終的に、日本に帰ることを決断した。

長姉サトメの家族はロスアンゼルスにいた。

母と次姉弟妹の家族は広島市に住んでいた。

オハイオ・クリナースの才田御夫妻に日本帰国を告げ、私の五年に近いハワイの生活は、これで幕を閉じることになった。

帰国準備を急いだ。この時期は、もう特別な理由のない限り、徴兵登録適齢期の青年の海外渡航は禁止されていた。

ハワイ移民局には「日本在住の母親の見舞い」という理由にして、「米国市民権證」をパスポートの代りに取得、渡航期間は二週間の条件付で許可された。

日本郵船の「鎌倉丸」に乗船して、ホノルル港を出航したのは、一九四一年二月二十日であった。アロハタワーに別れを告げ、私のハワイは終った。

自分を翻弄した「時代」を探索する

日本へ帰った本田さんは、その年の十二月八日、日米の開戦と真珠湾攻撃の報道を聞き複雑な思いをかみしめますが、翌昭和十七年（一九四二年）の二月には「教育召集」を受け、日本陸軍の二等兵を拝命します。

波瀾に富んだ本田さんの半生を克明に追っていると、それだけで何冊もの本ができてしまうほどなので、以下、簡略に紹介しますが、戦争中はフィリピンのルソン島で地獄の戦場をさまよい、敗走につぐ敗走の末、奇跡的に生き残り、昭和二十年（一九四五年）十月、山を下りて米軍に降伏、俘虜収容所に収容されます。山下奉文元大将の死刑も執行された絞首台の清掃を命じられて、血が逆流するほどの憤激を覚えたりしましたが、昭和二十一年（一九四六年）十二月三十一日、戦犯残留者を除いた、最後のフィリピン俘虜集団の一人として帰国します。

それからの本田さんの「自分史」はメインテーマが一転して、事業になります。しばらく広島市内のカメラ店の手伝いなどをしていましたが、やがて上京し、アメリカ人貿易商の代理店勤務などを経て、昭和三十二年（一九五七年）、ボルネオ産南洋材丸太の開発・輸入という、当時まだ未知のベンチャー企業に仲間三人とともに乗り出すのです。

まるで魚が水を得たように、次々に海外での事業に手腕を発揮し、事業を拡大していく血気さかんな男の物語がそれに続きます。同時に、事業を通して知り合った人々、特に華僑など外国の人々との交友、友情も「自分史」の大事なテーマとして登場します。むろん、その間には、まだ敗戦の後遺症が残っていたどん底時代に、たった一度のお見合いで結婚を決めた奥さんのことや家族の話もあり、その半生の歩みには、まことに魅力あふれる「自分史」の素材がびっしり詰まっているのです。

そして今、本田さんは金婚式記念に、波瀾万丈だった一代記を「自分史」としてまとめようと、精力的にワープロを打ち続けています。完成すれば、間違いなく、小説以上の内容が、息もつかせぬ面白さで読む人を魅了するだろうと期待していますが、それ以上に、この「自分史」の魅力を支えているものは、きちんとした事実に裏づけられた内容の正確さです。本田さんが取材と資料集めのために流した汗が、誰もが安心して読める正確な「自分史」として実を結ぼうとしているのです。

限られたページ内で、その「資料原稿」の厖大な全容をご紹介するのはとても無理ですが、本田さんが広島県の実家や親戚をかけまわって取材し続けた父親に関する資料、とりわけハワイ移住のいきさつに関する部分のほんの一端をお目にかけましょう。取材や資料によって一つの事実を発見し確認すると、その周辺のあれこれについても、さらに取材し資料を当たっていく探訪力のすごさを感じとっていただけるでしょうか。

新天地ハワイへ出稼ぎ移住した父の記録

わが父・喜六が出稼ぎの場所をハワイに決めて、故郷・広島の寒村を出発したのは明治三十五年(一九〇二年)、数え年二十一歳の時であった。

わが母在世中に聞いた話では、「父は徴兵検査後、すぐハワイへ渡航した」ということであった。ところが、母の歿後（平成二年・一九九〇年）、箪笥の中から母が保管していた古い書類が発見され、いろいろ参考になるものが見つかったのである。

その確実な記録書類の一つに「徴兵検査証書」があるので、これを披露する。この証書は、美濃紙長方形の縦一八センチ、横二二・五センチの用紙に、幅一・二ミリの黒枠の囲いがあり、左記のごとく記してある。

廣島聯隊区　廣島縣佐伯郡河内村　戸主　本田喜六

甲種輜重輸卒第八拾壱番
右第一補充兵ニ編入ス

明治三十四年八月十日

廣島聯隊区司令官　森　祇敬　印

（裏の印刷文）心　得

一、輜重輸卒ノ入営期日ハ第一期ハ十二月一日第二期ハ三月一日第三期ハ六月一日第四期

ハ九月一日トス

一、第一補充兵及海軍補充兵ハ現役兵ノ補缺トシテ召集セラレ又戦時若クハ事變ニ際シ召集セラルヽモノトス但第一補充兵ニシテ現役兵の補缺トシテ召集セラルヽハ其服役ノ初年ニ限ル

一、此ノ証書ハ現役兵ハ入営迄補充兵ハ服役中其効ヲ有スルモノトス

これが、わが父が九十五年前に受けた徴兵検査の結果である。

この一片の紙切れには、日本国家盛衰・興亡の重要な鍵が秘められているようである。

つまり、日本の徴兵制度は明治六年（一八七三年）一月十日に徴兵令が発布され、陸海軍ともに満二十歳より兵士採用を決定した。さらに二年後の明治八年（一八七五年）十一月五日、徴兵令は改正されて、国民皆兵主義の採用が決定した。この制度採用を推進したのは、時の陸軍大輔であった山県有朋（一八三八年〜一九二二年）で、彼は「忠君愛国」精神の天皇制軍隊の創設を図ったのである。この徴兵制度の内容は次第にエスカレートしながら、大東亜戦争と称する第二次世界大戦に日本が負けるまで続けられたのである。

父は頑丈な体つきであったような記憶がある。しかし、背が五尺二寸（約一五八センチ）と低かったので、輜重輸卒《しちょうゆそつ》という格づけになったらしい。

私が子供の頃、輜重輸卒は「馬の口取」と呼ばれ、小馬鹿にされていた。「輜重輸卒が兵隊ならば、蝶ちょトンボは鳥のうち」などと陰口を叩いてさわいだものである。しかし父は後にハワイに出稼ぎ移住するので、日露戦争に召集されることはなかった。

箪笥の中の掘り出し物を序《つい》でにもう一つ紹介する。
それは明治二十九年（一八九六年）、ちょうど今から百年前の父の小学校の卒業証書である。証書の用紙はまだしっかりしているし、ハイカラな縁取りで、明治文明開化・輸入作品のような匂いのする体裁である。田舎では有り難い代物であったに違いあるまい。

証書のサイズは、縦二五センチ・横三二センチである。縁取りは内側を薄いセピア色の小さな桜花の枠で囲い、その外側を一・三センチ幅の枠内に四葉のクローバーをダイアで囲んでいる。四隅にはギリシャ風彫刻の飾り付けを配し、中央に大型の桐の紋を据え、外枠全体には無数の小さな樹木を配した、実に見事なデザインで、これは当時流行だったモダンなヨーロッパ風デザインのコピー作品であろう。貧寒とした田舎の風土の中にも、このようなヨーロッパ美術文化の影響がうかがえるのである。

卒業証書の中身は左記の通りである。

第参號

卒　業　証　書

平民半三郎次男　本　田　喜　六

明治十四年九月生

廣島縣佐伯郡
砂谷村立葛原
尋常小学校

（角判で朱肉捺印）

尋常小学校修業年限参ケ年ノ教科ヲ卒業

セシコトヲ證ス

明治二十九年五月二十日

廣島縣佐伯郡砂谷村立

葛原尋常小学校准訓導

河野彦之進　印

村立の小学校のせいか、教師は准訓導の代用教員だったようである。しかし、広島の片田舎にあって、古い時代を脱皮して、次の世代を背負う少年少女の教育に賭けようとする農民たちの必死の願いのようなものを、この一枚の卒業証書に感じる。私が見聞した大戦後の東南アジア低開発国の僻地の子弟教育も、ほぼ同じような状態だったせいだろうか。

祖父・半三郎の頭には「平民」と記されているが、この時代には、まだ古めかしい江戸時代の残滓《ざんし》的な階級の族称制度が厳然と存在していた。即ち、皇族、華族、士族、平民と四階級の族称が、明治五年（一八七二年）一月二十九日に制定されていたのである。百姓の祖父・半三郎は平民であった。事の序でに言えば、平民に苗字の使用が許されたのは、明治三年（一八七〇年）

九月十九日である。

父は小学校を十五歳で卒業し、紺屋の染め物職人に弟子入りをした。詳細についてはよくわからないが、ハワイに渡航したときには一人前の紺屋職人であったことは間違いない。

勇躍、ハワイ出稼ぎ移住を決断したことには、祖父・半三郎のアドバイスが重要な役割を果たしているようだ。シャトルで祖父と一緒に働いたことのある岡本善太郎氏は、当時、ハワイ・マウイ島ハレアカラ山麓北部、下パイア地域に展開する、アメリカ人が経営する広大な砂糖黍《きび》耕地で働いていた。同氏は祖父・半三郎との誼《よし》みで、わが父渡航の案内役をつとめ、かつ一緒にその砂糖黍耕地で働いたのである。父は渡航当初から、十年辛抱して働き、資金をためて独立する意志を持っていたようである。

アメリカ人が経営する砂糖黍プランテーションでの炎天下の肉体労働は、過酷なものであった由である。後年、岡本氏が伝える話によると、連日炎天下の肉体労働で疲れ果て、バラック小屋で休んでいると、六尺豊かな白人が鞭を持ってやってきて、「ヘイ、ジャップ、ゲットアウトワーク」と鞭を鳴らして、仕事に駆り出したそうである。女性労働者は、いくら疲れていても休ませてもらえないので、わざと醤油を飲んで熱を出す者もあったとか。まさに「地獄の労働」を強制されていたようである。

父が何年くらい、このプランテーションで働いたかは詳らかでない。おそらく労働契約満了と同時に辞めたのであろう。父の口から母へはプランテーションの過酷な労働作業の話は伝えられていない。

今、手元に残っている写真の一枚に、金持ちのアメリカ人邸に、日本の下男下女の類いの人々が数人写っている。その中に、若き日の父の姿がある。多分、庭掃除のハウスボーイでもしていたのであろう。その頃、父は下パイアで最後の勤め先になった、アメリカ人が経営するパイアストアで、岡本氏ら数人の日本人青年たちと一緒に働いていたようだ。

そして、明治四十四年（一九一一年）一月、父はホノルルに出てクリーニング店を開店、念願の独立を果たしたのである。当時のハワイは、過酷な労働条件下ではあったが、徒手空拳でも十年辛抱したら独立して店が持てた。米領ハワイは、確かに青年の夢を実現させてくれる良き働き場所であったのだ。

父が独立・開店したクリーニング店の住所は、ホノルル市南ベレタニア街#二二一である。ここでの営業は大正六年（一九一七年）七月まで続き、その間に父は大正二年（一九一三年）、わが母となる妻ツルを迎えている。

（この後、本田さんの「資料原稿」は、本田家のルーツ探訪から母親のルーツ探しにまで及び、自分の誕生以前の資料だけでも、四百字二百枚分ほどの量になっています）

第十一章　「仕事編」と「私と家族編」の二分冊に編集——佐塚昌人さんの場合

社内報から年賀状まで「文章の山」

「自分史」の受講生の中には、「これから『自分史』を書きたい」という方のほかに、「今までに書いたものや発表したものをまとめて『自分史』にしたい」という方もおられます。

双信電機の副社長だった佐塚昌人さんもその一人で、現在も亡くなられた夫人へ宛てた手紙（「邦子への手紙」）の形などでエッセーを書き続けておられますが、「仕事に関することで雑誌や社内報に書いたものや社史の補遺、旅行記、インタビュー記事など、いろいろあるので一度見てくれませんか……」ということで、拝見することにしました。

その日、佐塚さんが抱えてこられたのは、まさに大荷物で、次から次に出てくる「書いたもの」「発表したもの」の山に、しばし唖然としました。そういえば、この方は、えらく筆まめな方だった……と、私は講座のたびに必ず提出される、きちんと整理された原稿や原稿以外にもいただくことの多かった丁重な文面のお手紙のことなどを思い出していました。

「南米向け輸出」「電子計算機の導入」「品質管理と標準化セミナー」「人材育成制度」など、社業や業務に関する堅い内容のものから、社内報に書かれた「不況だが忙しい」「次の目標」「歴史の中に本質を」「常識を変えさせられた話」「こぼさない、こぼれない」「返事はその日のうちに」「『おかしい』を見逃すな」など、経営者の目が鋭く光るエッセー、「社員のしおり」として社員向けに書かれた「世界一の技能者になろう」「完全生産を遂行しよう」「新幹線と秀吉（目標・計画・アイディア）」「社会に貢献するということは」「機械は生きている」、また「経営速報」「マネジメント」などの専門誌に寄稿した文章や関連記事、そしてやや私的に書かれた「聞きかじり欧米めぐり」「韓国でびっくりしたこと」「壮大な治水事業（インドの緑と戦後の東京）」「パリで思ったこと」などの旅行記（紀行文）やエッセー教室に通って今も勉強しながら書いておられる数々のエッセー……と、そこにあるのは、まさに文章の山でした。

それに加えて、佐塚さんは「毎年、年賀状にはひと工夫して、家族の概況を書き込んできたので、これを並べると『自分史』を兼ねた『家族史』になるのではないか……」と言われるのです。拝見してみると、たしかに面白く、ユニークなもので、ちょうど私の言う「自分史ノート」の内容を一年分ずつ整理したような形のものになっています。それも昭和三十五年（一九六〇年）以降のものが全部きちんと残されているので、おのずから「自分史」の貴重な資料集になっています。

ちなみに、その中から、昭和五十三年（一九七八年）の年賀状と邦子夫人が亡くなられた平成五年（一九九三年）の暮れに喪中挨拶に代えて出されたものを見ていただきましょう。いずれも、わずか一枚のハガキに小さな活字が、びっしりヨコ組みで詰めてありますが、ここではタテ組みに直してご紹介します。

あけましておめでとうございます（一九七八年元旦）

＊暢之（長男）は高二、大学受験の年です。
＊崇子（長女）は大学卒業の年です。女子美術大学安宅賞を受賞しました。
＊三月、一一年ぶりに訪米。ニューヨーク、ワシントン、ニューオーリンズ、ヒューストン、サンフランシスコなどを巡りましたが、いろいろな意味で日本とアメリカが近くなっていることに驚きました。ヒューストンの宇宙センターは、やはりさすがです。
＊六月台湾、七月韓国、八月インドとマレーシア出張。東南アジア諸国は、もう発展途上国ではないですね。すぐそこまで追いついてきています。
＊ボンベイのハイジャックは他人事ではありません。よくあの厳重なボンベイでと思います。
＊一一月、邦子と奈良の正倉院展。これを見ると人間は一〇〇〇年の間すこしも進歩していないように思えます。
＊今年は邦子の年です。
＊皆様のご健康と平和をお祈り申し上げます。

大変お世話になり誠に有難うございました。
深く感謝すると共に厚くお礼申し上げます。（一九九三年師走）

＊今年、一月二六日に邦子が亡くなりました。六二才でした。

＊平成三年一月一七日湾岸戦争開始の日、国立東京第二病院に入院。肺癌と確認されたのは二月初旬。然し告知せず。化学療法や放射線治療をするようになって、邦子も癌である事に気付きました。やがて快方に向かい、八月に退院。平成四年秋までは元気でしたが、一二月二一日に再入院。腰椎にも転移していましたから、ひどい痛みが心配でしたが、幸いに何の苦痛もなかったのが、せめてもの救いでした。

＊三月、郷里の信州・佐久に埋葬しました。標高八〇〇メートルの見晴らしの良い山の中腹です。

＊結婚以来三七年間、家族の誰も入院した事がなく、あまりに元気でしたので、油断してしまいました。健康診断とは健康な時にするものだと、つくづく思います。

＊私と、長女・崇子の二人の生活ですが、大分慣れて、すこぶる元気にしています。私はワープロが少し使えるようになり、崇子はソニー・クリエイティブ・プロダクツ化粧品本部でデザイナーをしています。

＊暢之は七月、商工中金大阪支店営業部に転勤。麻衣は来年、小学校です。遼磨も一才半、男の子らしくなって、京子も忙しいです。大阪にも少し慣れてきました。先日、一晩泊りで孫達と遊んできました。
＊今年はいつもの半分も本が読めませんでしたが、吉田直哉著『吉田富三／癌細胞は語る』は胸を打たれます。
＊例年（三五枚目）のようなスタイルでご挨拶させていただきました。
＊皆様のご健康と平和をお祈り申し上げます。

『双信電機での五十年』と『独りになって』を上梓

佐塚さんが、いかに几帳面で筆まめな方であるかは、この毎年の挨拶状一つ見てもわかっていただけると思いますが、ともかくこれまでに書いて発表された膨大な量の文章を前にして、これをどう整理してまとめるか、それも「自分史」として後に残し、皆さんに喜んで読んでいただけるものにするにはどうしたらいいか、を話し合いました。

佐塚さんの文章は、表現も正確・丁寧で、きめ細かく、行き届いているものが多いので、再録に当たっても、そう苦労せずにすむだろうと思います。しかし、なんといってもその折々の文章で、趣旨も狙いも少しずつ違いますから、寄せ集めの「ただの文集」にしてしまわない配慮と努力が今後のテーマになると、まずお話ししました。

そして、そのためにはこれから新しく書き加える原稿が大事なキーポイントになること、それと一種の編集技術というか、さまざまな文章を一つに束ねるときの束ね方をよく考えて慎重に行なうこと、できることなら二つ以上のニュアンスの異なった文章を束ねることで相乗効果が出るくらいのところまで行きたいこと、必要な場合には過去に書いた文章に前書きや添え書き・注釈などをつけることで読む人に再録の意味を理解してもらうこと……などを打ち合わせました。

さらに書かれたものすべてに目を通したうえで、私がご提案したのは、やはり仕事のために書かれた文章と私的な意味合いで書かれた文章は別のものだから、もし本にするつもりなら最小限「仕事編」と「私と家族編」の二分冊にすべきだ、ということでした。

佐塚さんの場合、仕事に関する主張や提案の中にも、いかにも佐塚さんらしい見識や人柄が投影されているので、多分に「自分史」的な色合いの濃いものになってはいますが、しかし、やはりこれらの文章の目的は、あくまでも仕事を進め、社業を発展させるためのものですし、志を同じくする仕事の仲間たちに読んでもらいたいという思いをこめて書かれたものですから、そこにどんなに自分自身が投影されていても、それはやはり「自分史・仕事編」または「仕事を中心にした自分史」の一部になっています。

ですから、これを例えばエッセーや年賀状など、純粋に私的な立場で書かれたものと一緒にしてまとめるのは、どうしても木に竹を接ぐ結果になり、一体感を損なうことは目に見えています。それよりも、これらの文章は私的なものとは別にして、幾多の辛酸の中をくぐり抜けてきた一企業人が自分の信念と信条を体験的に記述した「仕事の自分史」としてまとめておけば、後に続く後輩たちや同じ企業人たちにも読み継がれて生かされるものになるに違いありません。

そして、それとは別に、佐塚さんが現在もエッセー教室で書き続けておられる折々の思いや忘れ得ぬ多くの人たちのこと、そして何よりも愛してやまぬご家族や親戚の方たちのあれこれ、また「邦子への手紙」として亡き夫人に呼びかけるように丹念に綴っておられる身辺雑記や旅行記などを自分史的な「エッセー集」として一冊にまとめれば、佐塚昌人の半生のすべてがこの全二冊に集約できるではありませんか、というのが私の提案の骨子でした。

幸い佐塚さんも、この提案に賛成してくださいましたので、それまでに書かれた文章の選り分けと編集の作業を進めることにしました。同時に、これから書かれるエッセーについては、当然「私と家族編」の中核をなす作品になるので、できるだけ「自分史」的な意識をはっきり持ってテーマを選ぶようにアドバイスしました。

こうして完成したのが平成十二年(二〇〇〇年)に刊行された『記録・双信電機での五十年――僕はコンデンサや』と平成十七年(二〇〇五年)に上梓された『自分史エッセイ・独りになって』です。特に『独りになって』は、「一、子供のころ」「二、邦子」「三、独りになって」「四、会社にて」「五、随想・時評」「六、父母のことなど」「七、僕の小布施」と、これまで倦まずたゆまず書き綴ってきた佐塚エッセイの集大成ともいうべき作品集になり、受講生の間でも範とすべき自分史として一際評価の高いものになりました。私も最初、総タイトル「独りになって」は少し寂しすぎるかな、と思いましたが、改めて収録原稿を通読してみて、これは夫人に先立たれた佐塚さんの「独りでも生きていく」という決意の表明であることがわかり、賛成しました。佳編の多い中から「邦子」の章と「独りになって」の章から一編ずつを選んでご紹介しましょう。

懐古園

小諸の懐古園で撮った写真が二枚ある。

一枚は母も僕も、馬場に面した本丸の石垣の角に一段登って、石垣の石だけを背景にして、二人で写っている。多分昭和二十二年の、藤の花の咲くころで、島崎藤村の「千曲川旅情の歌」の碑のあたりにいた街頭写真屋が撮ったものだ。母は半袖に薄いグレーの絞り地の綿のワンピースで、共布のベルトを結び、僕は坊主頭で、丸い眼鏡に半袖のカッターシャツを着て、二人とも下駄を履いている。

当時、僕は岩村田の邦子の家に寄宿し、療養かたがた、工場の手伝いを始めたころだった。母も何かの都合で、岩村田の家に来ていた。二人で自転車に乗ってガタガタの農道を通り、今の信越高速道の佐久インターの辺りにある、父の親戚の農家に食料の買い出しに行った。

雲一つない快晴で、その家の北側の縁側から浅間山、南の縁側から八ヶ岳が見え、畑と果樹園以外には何もない。青くかすんだ二つの山の、全景が眺められ、さわやかな風で、庭の藤の花が満開で見事だった。母のことだから、買い出しと一緒に、保険のセールスをしていたかもしれない。用事が済んだが、あまりに良いお天気で、ピクニックのような気分になり、母の思いつきで、小諸の懐古園に、遠乗りをしたときの写真だった。

母が子宮癌で入院したのは、昭和二十五年の一月だから、母と一緒に、こんな時間を持てて、写真を残したのは、一度だけのことになった。

二枚目は邦子とのものだが、同じ馬場の藤村の詩碑の近くで、背景には母と撮った石垣と、浅間山の裾野の遠景が見える。母との思い出の石垣を、意識してバックにしたと思う。黄葉した木の葉が、枝に少し残っていて、二人とも厚いオーバーを着ている。

邦子との結婚は昭和二十九年五月だが、婚約は昭和二十八年三月のことだから、婚約の年の秋のものだ。当時はカメラを持っていなかったので、街頭写真に撮って貰った。

（婚約といっても、給料が何か月も遅配している時代で、結納は形だけだった。僕は出席せず、東京の本社の叔父と、岩村田工場の責任者であった邦子の父との間で、済ませた。）

僕は婚約後初めて、岩村田の工場に行ったが、その帰りに邦子が小諸まで送ってくれ、懐古園に寄った時の写真だ。この日も良いお天気で、藤村の詩碑の前を過ぎると、展望台があり、上手には地獄谷の深い谷と、煙を上げている浅間山と、下の方に千曲川が見える。地獄谷の辛夷の大木は、見事な花を咲かせるが、秋は葉が落ちて、寂しげに思われる所だ。

そこから、馬場の端の土塁に沿って行くと富士見台があり、お天気によっては、富士山が遙か彼方に見える。が、このときは、土塁を越えて、浅い谷を渡り、背丈ほどもあるススキの繁みをかき分けて、細い道を大平台という四阿のある見晴らし台にのぼる。すると、千曲川の上流から、発電所をへて、下流まで見渡すことができ、山際の深い淵や、白波の立った浅瀬の川面が、谷底に眺められる。

四阿のまわりは、秋の草が覆っており、陽が傾き、夕暮れの薄明かりが近づくと、心地の良い、冷たい空気になる。そんな情景の中で、邦子との初めての口づけをした。

「妻と私」によせて

「佐塚さん、江藤淳さんのことについて、どう思いますか」と、何度か聞かれた。

答えるのは、非常に難しい。妻との闘病記については関心があるから、文藝春秋の四月号に掲載された「妻と私」はすぐに読んだ。

率直に言って、このくらいの看病は僕もした。当然ではないかと思った。また、少し女々しくないだろうか、とも思った。妻の邦子が亡くなった時、看護師さんたちが「佐塚さん、これだけ看病なさったのだから、奥さんも満足されていますよ」と慰めてくれた。

最後の一と月は、ずっと病院におり、毎晩病室に泊まった。子供達が「そんなに無理をしてパパが病気になったら、もっと大変だよ」と、週末には、娘と息子が交代してくれた。

江藤さんと決定的に違うのは、僕には子供がいた。息子は転勤の時期になっていたが、上司にお願いし、社宅を移らず、病院に便利な現在の社宅に居られるような配慮をして頂いた。娘は、会社の残業を止め、毎晩、病院に見舞いに来てから帰宅するようにした。

次は、病院と自宅の距離である。江藤さんは、病院の近くのホテル住まいを余儀なくされた。ホテルは泊まる所で、住む所ではないと、江藤さんも書いておられる。僕の場合は、病院と自宅は、タクシーで早ければ一〇分で着いた。看病のためには、この差は大きい。

さらに江藤さんは、葬儀への出席も覚束ないほどの、ひどい病気になられた。いつもならそばにいて、妻が看てくれるのに。居ない。表しようのない、空虚さ、寂しさだったろう。

僕は情が薄いのだろうか、病気にならずにすんだ。葬儀が終わっても、香典返し、埋葬、四十九日、百か日、新盆、年末挨拶と法事のようなものが続いた。そのつど一ひねりして異例の挨拶状を差し上げた。秋には病院の行事で、その年度に解剖をした方々への追悼式があり、遺族代表で弔辞を捧げる役を仰せつかった。年が明けると一周忌である。つまり、忙しいのである。自死などとは思いもつかぬことだった。

江藤さんにもやり残した仕事がたくさんあった。僕にもやりたいことがたくさんある。だが江藤さんには、脳梗塞という追い討ちがあった。もし寝たきりになると介護が必要になる。夫婦の間では介護が可能だが、子供達では無理だ。他人に介護されるのは耐えられない。僕が一番恐ろしいのは、介護を受けることだ。江藤さんもそう思ったであろう。

今、臓器移植のためのカードがあるが、介護が必要となる危険性があるような状況になった時には「延命治療拒否カード」というのを持っていて、延命処置を断るような制度を作って貰いたい。上野公園で救急活動の宣伝実演をしていた消防署員も大賛成と言った。

それにしても、文藝春秋九月号の石原慎太郎の追悼記はすごい。江藤さんの葬儀を終えてから数日のうちに、都知事という要職にありながら、あれだけ緊張した文章が書けるのは、さすがにプロの作家だと感嘆する。

とは言え、僕も女々しい時がある。今でも「邦子のバカ」と愚痴を言う。邦子への手紙を書いたり、写真で近況を知らせる。何かにつけ、邦子の写真に向かって独り言を言う。先に逝った人への想いは、残された者には、いつまでも生き続けて、忘れ難いものなのだ。

第十二章　年譜の作り方と『自分史年表』の薦め

年譜も「自分史」の一部

「自分史」には、普通、「年譜」をつけます。

「年譜」には筆者のプロフィールか略歴を紹介する程度の簡単なものから、何ページにもわたって詳細に記されたものまでいろいろありますが、では、なぜ「自分史」には「年譜」が必要なのでしょう？

理由の一つは、「自分史」本体の全体像を俯瞰したり補足したりして、内容をよりよく理解してもらうために必要なのです。「自伝」であっても、「エッセー集」であっても、本体の文章を書いているとき、筆者は何から何まですべてを書くわけではなく、テーマに添って素材を取捨し、自分の意向を生かしながら読者の興味なども考えあわせ、起伏をつけて記述していくわけですから、事実のすべてを平均的に扱うわけではありません。「エッセー集」の場合などは、ある時期とある時期にテーマが集中して、それ以外のところは無視されているということだってあるはずです。「自伝」の場合でも、ある時点からある時点までを文章にし、それ以外の部分は年譜に委ねるということもあります。

ですから文章として書かれた本体の内容を補足すると同時に、筆者の半生を一望のもとに見渡して大づかみに把握し、そのことによってさらに内容についての理解を深める、そのために「年譜」は大事な役割を果たしているのです。つまり、「年譜」はいわば本体と一体になって「自分史」を構成しているわけですから、本体の文章を書くのと同じように細心の目配り・気配りをもって作成に当たらねばなりません。

〈基本的な年譜の形〉

年・月・日	年齢	個人年譜	社会の出来事・特記事項
一九三一年(昭和六年)×月××日		○○県○○市○○町にて、父○○・母○○の×男として誕生。	九月一八日、満州事変勃発。日本が戦争への道を歩み出す第一歩となった。
一九三×年(昭和×年)×月××日	×歳	父の転勤により、一家で上京。東京市○○区○○町に住む。	
一九三×年(昭和××年)四月×日	×歳	○○区立○○小学校入学。	

記入事項も、筆者個人のことのほかに社会的な事件や特記事項を書いたり、場合によっては自分の会社や事業（○○株式会社関係、○○商店関係……など）や専門領域（政治、経済、金融、教育、マスコミ……など）、特に関わりや関心の深い分野（茶道、華道、歌壇、俳壇……など）の出来事や動向も記入したりします。といって、あまり熱心に「年譜」に力を入れすぎて、気がつくと「自分史」本体の中で記述した内容をそのまま繰り返して載せているというのもよくあることですから要注意です。受講生の中でこの種の年譜を作成しておられるのは佐塚昌人さん（第十一章参照）で、『自分史エッセイ・独りになって』には巻末に「年譜　私と私の生きた時代」として一〇ページに及ぶ詳細な年譜が小さな文字でびっしり記されています。

「年譜」には別に決まった形式があるわけではなく、それぞれが自分の「自分史」に最もふさわしいと思う形を工夫していいのですが、ここでは便宜上、いちばん基本的な「年譜」の形を示しておきます（一四三ページ）から、これを自分の場合に最もふさわしいと思う形に応用・変化させて、自分自身の「年譜」を作成してください。記入事項の文章は、名詞止め（「○○にて誕生。」「○○株式会社入社。」……）などを用いて、できるだけ簡潔に表現します。

自分の「自分史」にふさわしい年譜を

佐塚さんなどの、こうした詳細な「年譜」に対して、例えば松田志めさんの場合（第九章参照）などは、エッセー集『紅梅』の最後のページに「略年譜」を次のように示しておられるだけです。

松田志め略年譜

一九二六年二月二四日　浜松市砂山町に生まれる
四四年三月　東京女子専門学校家政科卒業
同年　四月　日本楽器入社
五〇年二月　松田義朗と結婚　堺のダイセル社宅に住む
五一年一〇月　長女・啓子誕生
五四年一一月　二女・典子誕生
六二年三月　義朗転勤で東京へ移る
七六年八月　世田谷区成城に家を建て入居
九三年一月一八日　義朗逝く　享年八一歳

そして、これは亡きご主人の追悼文集としての意味合いを持つ「エッセー集」には、まことにふさわしい「年譜」であると思います。この場合には、「年譜」というより、まさに「略年譜」で、いわば筆者の「自己紹介」か「略歴紹介」といった趣のものになっています。

佐塚さんと松田さんは、同じ「エッセー集」とはいえ、それぞれ手がけておられる「自分史」の目標も内容も規模も違います。したがって、その「自分史」に添えられる「年譜」の形も、それぞれの考えに従って進められた結果、全く違うものになりましたが、それでいいのです。

誰もが「自分史」には詳細で行き届いた年譜をつけなければならないというものでもありません。

佐塚さんのように、「年譜」だけでもちょっとした「自分史」そのものに匹敵するような本格的なものにするもよし、松田さんのように、遠慮がちに「略年譜」を添えただけの「自分史」があってもいいのです。内容に関しては、もう本体の中で十二分に書き尽くしたと思えば「年譜」は最小限のものにとどめても構いませんし、自分の「エッセー集」や「作品集」は内容本位に読んでほしいので仰々しい「年譜」はさけて、簡単に「略歴」だけを書き添えたいという方は、それでも結構です。

しかし、たとえ詩や短歌、俳句などの「作品集」であっても、読んだ人は「これを書いたのはどんな人だろう?」と思うものなので、全く「年譜」や「略歴紹介」ナシ、というのは、どうでしょう。少なくとも「自分史」的な発想で取り組んだものであれば、最小限、簡単な「略歴」程度のものでもいいから、やっぱり「年譜」はほしいのではないでしょうか。

「自分史ノート」そのものが立派な「自分史」

「自分史」の「年譜」をどのような形で作成するにせよ、「自分史」の作業を「自分史ノート」を作ることから始めてきた方々にとって、それはそんなにたいへんなことではないはずです。

なにしろ「自分史ノート」というのは、最初から「自分史」の「年譜」を兼ねたものでしたから、その作成作業は、いわばこつこつと時間をかけて「年譜」を作り続けてきた作業ともいえるのです。ですから、自分が作りたいと思う「年譜」のイメージに合わせて、「自分史ノート」に記載された内容を取捨して年表に仕上げれば、詳細にでも簡潔にでも、思いのままに「年譜」を作成することができます。むろん「年譜」の場合には、「ノート」の内容をそのまま転記するのでなく、表現を簡潔で無駄のないものにひと工夫して記載することが大事ですが、内容的には、もうほとんど全てのことがノートに書きとめてあるのですから、楽に作業を進めることができます。「年譜」作成の段階にさしかかると、誰もが「ああ、自分史ノートを作っておいてよかった」と思われるでしょう。

そして実は「自分史ノート」には、もう一つ、大きな効用があるのです。

それは「自分史ノート」は、それ自体、立派な「自分史」だということです。

つまり、本格的な「自分史」を書くための手段として準備し、気づいたこと、思い出した事実を丹念に書き込んでいった「自分史ノート」は、また別の見方をすると、それ自体がすでに立派な記録であり、それだけでちゃんとした年表スタイルの「自分史」になっているといえるのです。

世間には「自分史は書いてみたいけど、文章に自信がありません」とか、「とても人様に読んでいただけるような文章ではないので……」と言って、ためらっている人も多いようです。けっしてそんなことはなく、自分なりの文章で書き出してみれば「案ずるより産むが易し」で、「思い切ってやってよかった」という結果を得ることができるものなのですが、表現力には個人差があることも事実なので、どうしても「文章で克明に書き綴る作業」のない「自分史」づくりを希望する方があったら、せめてこの「自分史ノート」だけでも作成し、自分自身が生きた貴重な記録として残すことをおすすめします。

ここまでなら、誰にもできる作業ですし、このノートにメモとして書かれた内容を、ちょっと整理してまとめれば、立派に自分の半生を記録した年表スタイルの「自分史」になります。つまり本格的「自分史」として文章で肉づけをする前の素材だけで構成された、メモ的「自分史」とも「自分史」の原形ともいえるものになるのです。むろんこの段階までで本あるいは小冊子にすることも充分可能で、年譜プラス数行の短文・メモで構成された最もシンプルで無駄のない「自分史」が完成します。「自分史ノート」は、いちばん手軽に、誰にもできる立派な記録、つまり「自分史」そのものなのです。

記入するだけで「自分史」が完成する『自分史年表』

平成十七年（二〇〇五年）に出窓社から出版された私の監修書『脳を活性化する自分史年表』が、近年、隠れたベストセラーとして話題になっていますが、この『自分史年表』はこれまで私が述べてきた「自分史ノート」の考えと提案に賛同してくれた同社の矢熊晃氏が、初心の方にも簡単に記録ができて、より過去の記憶を引き出すのに役立つように工夫して作ってくれたものです。

記録の仕方は「自分史ノート」の場合と同じですが、一五〇〜一五一ページのサンプルのように見開き二ページが一年分になっていて、その右ページが記入欄、左ページが年表ページになっています。そして年表ページにはその年の社会的な事件や世界情勢、様々な話題、流行から当時の物価に至るまで、きめ細かく拾って記載されていますから、記録する人はそれらのメモや片言隻語をヒントにして連想ゲームのように自分の過去の記憶を引き出したり、忘れていたことを思い出したりすることができます。

つまり、この『自分史年表』を使えば、誰でも、文章表現が苦手で自信がないという方でも、思い出したことを記入するだけで、簡単に年表スタイルの「自分史」を完成させることができるのです。むろん「自分史ノート」と同じように本格的な自分史作成のためのシンクタンクとしても使用できますから、幅広い層の方々がそれぞれの能力に応じた自分史を作成するための第一歩をこの『自分史年表』から始められることをおすすめします。
実際に使用している方々からの反響の一部をご紹介します。

＊書店店頭で本書を目にし、「これだ」と思い、早速購入しました。私は今年、古稀を迎えますが、今までノートに羅列していたメモをもとに『自分史年表』に記録し始めました。いろいろなことが、つい最近のように思い出され、人生を二度楽しむ思いです。（神奈川県　小磯　清）

＊左ページに当該年度の主な出来事が列記されており、これが筆を進める上でまことに貴重かつ至便。特に下欄の世相の記録は、筆を執り、頭の中を整理するのにどれほど役に立つことか！　感謝！（北海道　藤森晃道）

＊私が求めていた本です。最初は七十七歳の父のためと思って買ったのですが、私が使うことにしました。父のことは父から聴いて書くつもりです。自分史は自分から書こうという気持ちにならないと書けませんからね。有効に使いたいと思います。（兵庫県　石川淳子）

＊来年、喜寿の同期会で話をする予定なので、自分で年表を作ろうと思っていたら、新聞で本書を見つけ、早速購入しました。全く私の思っていた通りの本で嬉しく思いました。同期会の記念品として皆に配ろうと思っています。（愛媛県　白田恒子）

『自分史年表』のページ見本（90％に縮小しています。実物は本書と同じ大きさです）

（　　　）歳

◆ヤミ市では、ふかし芋、ライスカレー、おでん、だんご、すいとん、しるこ、シチューなどが5～10円で売られ、砂糖は1貫目1000円もした

150

昭和20年(1945)　乙酉(きのと・とり)

1・13　三河地震(東海地方に大地震、死者2306人)
3・10　**東京大空襲**(B29が東京下町を空襲。死者約10万人、焼失家屋約23万戸)
4・1　米軍沖縄本島に上陸
5・7　ドイツ無条件降伏
6・23　**沖縄守備隊全滅**(牛島司令官自決)
7・26　米英ソ首脳会議、ポツダム宣言発表
8・6　**B29広島に原爆投下(9日長崎に投下)**
8・8　ソ連対日宣戦布告
8・15　**「終戦の大詔」玉音放送**(大平洋戦争終わる)
8・28　連合軍総司令部(GHQ)横浜に設置(9月15日東京日比谷へ)
9・17　枕崎台風(鹿児島県枕崎付近に台風が上陸、死者・行方不明者3756人)
11・1　東京日比谷で飢餓対策国民大会開催

政　治　内閣総理大臣・小磯国昭(陸軍・海軍連立)/鈴木貫太郎(枢密院)/東久邇宮稔彦王(皇族)/幣原喜重郎(外交官)
ことば　「…朕は時運の赴く所堪え難きを堪え、忍び難きを忍び…」(玉音放送から)
事　件　ひめゆり部隊が集団自決(沖縄の学徒看護隊210人が米軍の包囲下で自決)
出　版　日米會話手帳(80銭)、新生(ザラ紙無とじ、32ページ。13万部が即時完売)
映　画　聖断を拝す、東久邇宮内閣成立(戦後初のニュース映画)、そよ風(戦後初の企画映画、主題歌「リンゴの唄」)〔洋〕ユーコンの叫び(戦後初の洋画)
流行歌　リンゴの唄、お山の杉の子、ダンチョネ節、同期の桜、ラバウル小唄、愛国行進曲
スポーツ　戦後初の野球試合、東京六大学OB紅白試合。プロ野球が東西対抗戦で復活。大相撲国技館で復活(晴天10日間)。双葉山引退
流　行　もんぺズボン、更正服、国民服、復員服、予科練スタイル(飛行帽、飛行服に半長靴、首もとから白いマフラー)、半ズボン、タイトスカート、ロングスカート
風　俗　GIの性的欲望対処のため、特殊慰安施設協会を設立。(施設第1号は大森小町園、以降東京に25カ所に設置し、慰安婦は1600人に及んだ。1946年に閉鎖)
流行語　本土決戦、一億総懺悔、真相はこうだ、4等国、ピカドン、進駐軍、竹の子生活、バラック、パンパンガール、復員、ヤミ市、青空市場、DDT、GHQ、MP
新商品　第一回宝くじ(1等10万円)、たばこ「サロン」「ローズ」「祇園」、ズルチン
物　価　白米10kg (6円00銭)、豆腐(20銭)、清酒一級(一升・15円)、ビール(2円)、理髪料(3円50銭)

◆学校では、戦時下の教科書を墨で塗りつぶす作業が行われた

151

＊自分史について少し書いてみたのですが、ついだらだらとした文章になってしまいました。孫に本書をプレゼントされ、これでしたら私にも書けそうだと自信を持ちました。戦後六十年、波瀾万丈の生涯を、ぼけないうちに書き連らねたいと思います。

（神奈川県　山本モト）

＊実によく出来ていて、自分に関する過去を書き入れるだけで、一冊の本になりそうです。左ページを見ているだけでも楽しい思いです。

（千葉県　安藤昌宜）

＊五十五歳の頃から自分が歩んで来た軌跡をたどろうと、自分の年表を作っていました。しかし、どのような時代に生き、どのような出来事があったのかを調べる勇気がありませんでした。本書はそれを補ってくれる本であり、内容で、感謝しています。まわりの人たちにもすすめたいと思います。

（愛知県　永井安広）

＊私は退職後、平成二年から我が家の激動の一代記と言うのを大学ノート二冊にメモ書き状態に記録していました。どうしたらこれが読めるようになるか、思い悩んでいたところ、新聞でこの本を知り、早速、電話して送っていただきました。これからこれに書き込んでいくのが楽しみです。私のためのようなこの一冊、ありがとうございました。

（岐阜県　鈴村ひさ子）

第十三章　こんな「自分史」は嫌われる

ここまで「自分史」について勉強してきたことをひと言でいえば、どうすれば理想的な「自分史」が書けるか、そのためには具体的に何をすべきか、ということになるでしょう。したがって、表題の「嫌われる『自分史』」について考えるには、これまで勉強してきたことをひっくり返してみれば、その答が出てくるはずです。

ためしに、一度、ひっくり返してみましょう。

嫌われる「自分史」とは――

① 天狗になりすぎた「自分史」

自慢話やおのろけというのは、聞くほうにもかなりの忍耐力を必要とするものですから、「自分史」の中でも、あまり有頂天になって得意なことを語りすぎると、読者は「いいかげんにしろ」と腹立たしくなるものです。「自慢史」は困りものですが、といって、自己顕示欲は人間、誰しも多少は持っているものですから、「自分史」を書こうと思うほどの人がこれを気にしすぎると何も書けなくなってしまいます。「得意を語るのは失意を語るより難しい」ということを念頭に置き、成功した話や自慢話をするときは一歩引いて、あまりに厚かましい、自己宣伝めいたものにしないように気をつけましょう。

②自己陶酔の「自分史」

自慢話とはちょっと違いますが、自分の恋愛体験などを書くとき、あまりにうっとりしすぎて、話を大げさに美化し、自分で自分の話に酔ったような文章を書く人がいます。これも読者にとっては迷惑千万な話。結局は独り相撲、独り善がりの文章に終わり、説得力を発揮できません。

③借り物の「自分史」

やたら人の考えや意見ばかりが出てくる「自分史」です。文献や資料の紹介・引用、ときによっては転記・転載も結構（出典明示のこと）ですが、あくまでも「自分史」なのですから、基本的なところは借り物でなく、つたなくても自分の考え、意見で通さなければなりません。

④凝りすぎた「自分史」

「自分史」に調査・取材・資料が大切なことは前に述べましたが、それはあくまでも「自分史」本体を、より良いもの、より理想的なものに仕上げるための手段・方法であって、それ自体が目的ではありません。ところが枝葉末節の資料探索にのめり込み、調査魔になりすぎて、完成したものを見ると「自分史」の本筋からは遠く離れたマニアックなものになっているというケースが時々あります。凝りすぎにも、要注意です。

⑤しめっぽい「自分史」

自慢話とは逆に、ただただ愚痴っぽい「自分史」や卑屈になりすぎている「自分史」も、読んでいて気が滅入るものです。たとえ経験してきた人生の道程は険しく、苦しく辛いことの連続であったとしても、それらをみごとに消化して、堂々と、からっと語ることができれば、そのほうが訴える力ははるかに大きくなります。

⑥他意のある「自分史」

「自分史」作成の作業は、自分が純粋に書きたい、書こうと思うところから始まるのが理想的です。何か別に狙いや意図するところがあったり、ましてやそれが不純なものである場合には、最初から、その「自分史」は歪んでいると言わざるを得ません。何かの宣伝のため、利益のため、人の誹謗・中傷のためなど、どれも「自分史」としては邪道で、嫌われます。

⑦小説もどきの「自分史」

前にも述べましたが、「自分史」は記録であって、小説ではありませんから、自分の事でも他人の事でも、フィクションを持ち込んではなりません。仮に事実であるかどうか、よくわからない場合でも、自分が調べた結果に基づいて判断した真実と思う事を書くべきです。よく自分が小説の主人公になったような気分で書かれた、明らかに虚構と思われる作品を読むことがありますが、興ざめです。

⑧盛り上がらない「自分史」

冗漫で、退屈で、いっこうに盛り上がらない「自分史」があります。そんなとき、多くの方は「もとの素材がよくないからでしょう」と言われますが、少し文章や「自分史」について勉強をした後に、同じ素材で書き直したり、手を入れたりすると、見違えるほど、よくなることがあります。盛り上がらないのは、素材そのものの良し悪しより、素材の生かし方、テーマの掘り下げ方、文章の組み立て方、表現の仕方など、つまり筆者の勉強不足に問題があることが多いのです。素材が駄目だから……と投げ出してしまわないで、粘り強く勤勉に取り組んでください。

⑨間違いだらけの「自分史」

固有名詞や数字が間違っている、言葉や文章や文字が間違っている、誤植や脱字を見落としている……これらは全部「欠陥自分史」です。せっかく読んでくださる方をいらいらさせ、失礼このうえないことになりますから、念には念を入れて事前にチェックし、どうしても防げなかったら、「正誤表」を作って添えるくらいの心配りがほしいものです。

⑩不精な「自分史」

ちょっと資料に当たるか図書館にでも行って調べればわかるようなことを、そのままにし、取材や調査もおろそかにして、「よくわからない」とか「消息不明」などとすませてしまうことの多い、手抜きの「自分史」です。読む人は書き手の横着さを感じて、早々に読むのをやめてしまうでしょう。

以上、「自分史」ワースト10をあげてみました。あなたの「自分史」が「嫌われる『自分史』」になっていないかどうか、チェックしてみてください。

「自分史」公害に要注意

「自分史」作成に当たっては、その他にもプライバシーの問題、差別用語の問題など、気を配っていかなければならないことがありますが、その基本は当事者の立場に立って考え、少なくとも当事者が痛みを感じるような表現はしない、ということだと思います。

それと最近、ときどき耳にすることがある「自分史」公害ともいうべき現象について。

次の第十四章(「自分史」を本にする)でも触れますが、最近では自費出版を引き受けるところがたくさんでき、また昔は少なかった企画出版、協力出版など、費用の一部を注文主が負担するシステムの出版も盛んになって来ました。したがって早い話が、少々内容はお粗末でも費用を負担すれば、自分の原稿を本にすることは可能であり、容易になってきたのです。当然、前にあげたような欠陥「自分史」も出回ることになり、その結果、「自分史は読みません」「自分史なんて誰が読むんですか」といった「自分史」嫌いの人々が現れ始めているらしい。現に読みたくもない自分史を送りつけられて困惑している人を私も知っていますが、確かにその自分史は自己顕示と自己弁護、特定の人物に対する誹謗に満ちた、おぞましい代物でした。真剣に「自分史」づくりと取り組む本書の読者に、そうしたことなど考えられませんが、他山の石として聞いておいてください。

第十四章　「自分史」を本にする

自費出版は数社の資料を取り寄せて

以前は「自分史」の原稿はできたものの、それをどうやって本にしたらいいかわからずに悩んでいる、という方が多かったのですが、最近では大手の出版社や新聞社にはたいていの所に自費出版部門がありますし、また自費出版専門の出版社などもできてきましたので、一体どこに頼んだらいいか、と悩みの内容も変わってきたようです。

たしかに商業出版に対する自費出版の割合は年々増加しており、なかでも「自分史」の占める比率が大きいということですから、やはり「自分史」ブームは掛け声だけでなく、今や日本の文化として定着しつつあるようです。

ですから、「自分史」を完成して、これを身内の人たちや友人・知人、仕事の仲間たちに広く読んでもらうために本にしよう、と思ったら、いちばん手っ取り早いのは、そうした自費出版を手がけているところに制作を依頼することです。たいていのところが、それぞれの特色をうたったパンフレットや料金表、見積依頼書などを用意していますから、できれば一カ所だけでなく、数カ所の資料を取り寄せ、比較して決定するのがいいでしょう。

制作費もいくつかのケースを試算して

本にするには一体いくらかかるだろう、というのが誰しも気になるところですが、こうした自費出版を扱っているところに頼んだ場合でも、それこそお金をかけようと思えばきりがなく、逆に本になりさえすればいいから経費は最小限に押さえたいという場合とでは金額に大きな差が出てきます。

また、当然、判型（A5判、B6判、新書判など）や装幀によって、あるいは表紙の固い上製本にするか柔らかい並製本にするか、上製本でも表紙を布にするか紙にするか、カバーやケースをつけるかどうか、さらには写真やイラストを入れるかどうか、それも写真版のページを別建てにして入れるか、それとも本文の中にこまごまと入れるか（レイアウト料がかかって高くなる）……などによっても経費が違ってきますから、制作担当者に具体的にいくつかのケースを示して、それぞれ料金を試算してもらい、比較してよく考えた上で決定し、発注するようにしましょう。

そうした出版社や新聞社から提示された料金表をご覧になって、おや？　と思われるのは、おそらく部数と経費の関係だろうと思います。

本造りでは、一部刷るのも、五〇〇部、一〇〇〇部を刷るのも、編集、校正、割り付け（レイアウト）、製版など、印刷機にのせて印刷するまでの作業工程は全く同じです。したがって部数が二倍、三倍……になっても、制作費は二倍、三倍……にはならず、総額にはそう差が出てきません。逆に部数が少なければ少ないほど、一部当たりの単価は割高になってしまうのです。

ですから限定版や私家版として、一〇部とか二〇部とか、場合によっては一部だけ本を作りたいというような場合には、こうしたところに注文して本にするのでなく、第九章に示した松田志めさんのように、できるだけ手作りの部分を多くしたやり方で本にされるのがいいと思います。

相談、発注から納本まで

自費出版の場合、注文する側と注文を受ける側の交渉・作業の経過は、どこの場合でも大体同じで、次のような形で進行します。

①相談（電話、手紙、訪問など。パンフレット等の資料請求、相談まではたいてい無料）
②見積もり（できれば数社からとって比較したうえで、決定すべきです）
③契約（このとき、制作費の半額または一部を納めることになっているところが多い）
④原稿渡し（写真やイラスト、図版類も一緒に。キャプションも忘れぬように）
⑤原稿整理（タイトル、文字づかい、レイアウト、校閲など、いわゆる編集作業です）
⑥印刷所への送稿（この後、組み版、製版などが行なわれます）
⑦初校、再校……の校正、校了（校了後の直し、仕様の変更は普通の場合できません）
⑧用紙を手配して印刷（その前に用紙見本により紙を指定すれば束見本を作成してくれる所もあります）

⑨ 製本（特に注文することがあれば、事前に申し出ておくこと）
⑩ 納本（製作費の残額を支払い、精算します）

こうした作業とその進行について私が特に重視すべきだと思うのは、どこに頼むかより、むしろどこの「誰に」頼むか、です。「自分史」づくりは、あなたの人生の大事なモニュメントづくりなのですから、その協力者は誠実な人、本造りにちゃんとした見識を持っている人、そしてできるだけ注文主のあなたと気の合う人、であってほしいのです。「自分史」の制作を依頼することで、また一つ新しい人との出会いがあり、できれば「自分史」の最後に書き加えたいと思うほど、あなたの「自分史」完成のために一生懸命になってくれた……そんな人が担当者になってくれるのが理想的です。

本造りや雑誌づくりの仕事というのは、私の三十年余の体験からいうと、結局は「人」の問題に帰結することが多いのです。自費出版といっても本造りの一つであることに違いはないのですから、目を光らせて、いい相棒を探し当てるようにしましょう。そうした本造りが好きでたまらない人が、きっといるはずですから。

一方、注文を受ける側からのアドバイスを聞いてみると、NHK文化センターで多くの受講生たちの本造りを担当された宮脇一雄さんは「何よりも注文される方と制作担当者のコミュニケーションが大事です。腹蔵なく考えを出し合い、話し合って、納得したら後は任せる、という注文主が一番ありがたい」と言います。

それと、最近の傾向として、「自分史」を制作した後、できればそれを書店などで売りたいという人が増えているようで、またそれをセールスポイントにしている自費出版社もありますが、これについては、「あまり安直に考えないほうがいいと思います。一日平均百点以上の新刊が出版されている今日、出版社から取次店を経て書店へという流通ルートにのせることには困難が多く、なかなか注文主の希望通りにはいかないことが多い。『売る』ことは、あまり考えないほうがいいと思います」と、一般書店で「自分史」など自費出版物を販売することの難しさを率直に語っています。

受講生の中にも、できれば自分の書いたものを書店で売りたいという方があり、作った本の一部を買い取るという商業出版と自費出版の中間のような出版社から本を出されました。しかし思うようには売れず、結局、自分の職場に近い顔見知りの本屋さんに自分で交渉し、店に置かせてもらった中の何冊かが売れただけだった、という話を聞いたことがあります。

基本的には「自分史」の価値は自己表現と記録性にあり、自分自身や自分に関心のある人たちのために書かれ、作られるものなのですから、もっと多くの一般の人々にも読んでもらいたいという気持ちはわかりますが、商品としての本とはちょっと別のものと考えて、売ること、売れることに最初から過大な期待を持つべきではない、と思います。

それより、もし関心のある不特定多数の人々にも広く読んでもらって、自分の書いたものについての反応を知りたい、という方があったら、作った本の奥付に頒価《はんか》（非売品などを分けるときの見合った価格）を記すという方法があります。私の講座でも、先輩たちの自費出版本が欲しい、と言われる受講生は多いので、あなたの本にも案外口《くち》コミなどによって未知の方から注文がくるかもしれず、それが縁で熱心な読者が現れるかもしれません。

国会図書館、自分史図書館への寄贈

自費出版で自分の本を作ったら、まず送ってほしい所があります。国立国会図書館です。ここでは寄贈された本を大事に半永久的に保管して、一般の閲覧にも供してくれますから、あなたの本が多くの方々に読んでもらえるチャンスがここにはあります。送り先は、

東京都千代田区永田町一—一〇—一（〒一〇〇—八九二四）

国立国会図書館収集部国内資料課国内寄贈係

☎（〇三—三五八一—二三三一）

で、できれば二部送るのがいいでしょう。（一部は関西で保管）

最近では国会図書館の他にも「自費出版図書館」や「自分史図書館」が各地にできて、埋もれている「自分史」に光を当てようと、進んで自分史関係の書籍の収集・展示を行なったり、寄贈を呼びかけたりしている所もありますから、インターネットなどで調べて確認した上で、ここぞと思われる所に寄贈するのもいいと思います。

また、「自分史」を書く人が増えるにつれて、最近では優れた「自分史」や自費出版の本に賞を与えようという気運も各地に起こり、日本自分史大賞、北九州市自分史文学賞、日本自費出版文化賞など、実績のある賞も多くなってきました。自分の「自分史」を世に問うてみようと思われる方は、応募要項などを確認した上で応募してみるのも結構ですが、その際にはその賞が過去にどんな受賞作を出しているか、選考委員が誰なのか……などに注目し、できるだけ情報を集めて、自分の作品に合った賞であるかどうかを判断するのがいいと思います。

手作りでも本はできる

自費出版をやっているところに発注して「自分史」を本にする場合、大体一〇〇万円から一五〇万円くらいの経費で作られる方が多いようですが、そんなにお金をかけたくない、また部数もそんなにたくさんは必要ない、という方のために、お金のかからない本造りについて考えてみましょう。

まず、どこかに頼んで本にしたいが、極力、経費を切り詰めたいという場合。

自費出版を引き受けてくれるところの中でも、一般的にいって大手の会社より中小の会社のほうが、人件費や諸経費の関係もあって、本造りの経費は、かなり安くあがります。知り合いなどで間違いのないところがあれば、そうした中小の自費出版社を選ぶのも一つの方法ですし、もっと安くあげようと思えば、印刷所や製本所に直接交渉して制作を依頼すれば、おそらく大手の会社に頼む場合の半額に近い経費で本ができるでしょう。

ただし、この場合には、先に述べた作業経過の中の⑤に当たる編集作業（原稿整理）などは、割り付け（レイアウト）も校閲（原稿を読んで誤りを正すこと）、校正（印刷物を原稿と比べて誤りを正すこと）も全部、自分で責任を持ってやらなければなりません。編集に自信があるか、ちゃんとした指導者がついている場合には、こうした形で経費の削減を図ることができます。

さらに、もっと経費をかけたくない場合には、自分でパソコンやワープロを操作し、コピーをとって、製本だけを発注します。この場合にも、校閲・校正をしっかりやることと割り付けを極力、単純なものにすることがポイントです。これには受講生の中に松田志めさんというモデル・ケースがありますので、参考になさってください(第九章参照)。

最後に、製本までも自力でやってしまおうというケース、つまり完全に手づくりで「自分史」を本にする場合があります。パソコン、ワープロが普及したおかげで、こうした完全手作り派の「自分史」も、自費出版派のものとはまた別の形で、急速に増加しています。

せっかくのチャンスだから、「自分史」を本にするこの機会に製本の技術までマスターしてしまおう、と考えておられる方があるとすれば、それはまた素晴らしいことです。その種の講座を設けているカルチャーセンターもあり、製本・造本に関する本も数多く出版されていますから、勉強し技術を習得して、自分で書いた「自分史」を手製の器に盛ることができれば、きっと満足度も倍加することでしょう。

しかし、そこまで本格的でなくてもいいから、自分で製本までやってみたいという方のために、最近では便利な製本具がいろいろ出まわっています。例えば私も使って重宝しているのが、東急ハンズなどの製本グッズ(製本セット、簡易製本機、製本用ホチキス、製本テープなど)です。これらは売り場で使い方を説明してくれますし、「製本の仕方(簡単な紙の綴じ方と表紙のつけ方)」というようなパンフレットまで用意してあるので、素人にも一応、紙を綴じ、表紙をつけて本らしきものを作ることができるようになっています。

もっと簡単に「自分史」の原稿、またはパソコン、ワープロで作成しコピーをとった本の中身に表紙をつけたい、という場合には、「とめぞう君」「製本工房」など、ファイリング式の製本具が一、○○○円ちょっとの値段で売られていますから、これで簡単に手作りの「自分史」に仕上げることができます。

ただし、こうした市販のものを使って製本する場合には、例えば判型はA４判とB５判のものしかなく、A５判のものは注文すれば取り寄せられるというようなことがあり、こちらの希望をそっくり受け入れてくれるものが常時あるとは限りませんから、「自分史」を書き始める前か、作業の途中ででも、一度、品物を下見して、自分が制作している原稿にぴったり合うものがあることを確認しておくことが大切です。

もっとも、それだったら原稿用紙に書いたりパソコン、ワープロで作成した原稿をそのまま自分で綴じておけば、それでもいいじゃないかと言われれば、その通りで、人に読んでもらうことを目的としない、自分自身のため、あるいは妻や子のために一部だけ残したいという遺書のような「自分史」があったって、ちっともかまわないのです。

「自分史」の価値は、見た目で決まるものではありません。中身を読んでみなければ始まらないのです。いくらお金を注ぎ込んで、見た目は豪華で立派な「自分史」を作っても、内容が貧弱で、読むに堪えないものであったり、ミスや間違いだらけのものであったりしたのでは意味がありません。

私の好みから言えば、見た目はあまりお金もかけていないようで、まあまあだけど、読んでみたら感動的な内容で、一気に読んでしまった、と言ってもらえるような形と内容の「自分史」がベストなのではないかと思います。過剰な包装で中身はお粗末というよりは、本物の中身がさりげなく包装されていたほうが誰しも好感が持てるでしょう。

そのためには、まずしっかりした中身を書くことが先決です。「自分史」の場合は、どうもうまく書けないという方でも、ちょっとしたコツのようなものをつかめば、後はわりあい楽に、いいものが書けるようになるものです。そのためには「自分史」を書いたことのある先輩や文章の心得のある人の話を聞いたり、各地にあるカルチャーセンターや教養講座、通信教育などで勉強をするのも、有効な一つの方法です。

第十五章　本になった受講生たちの「自分史」から

「その人らしさ」が名文の条件

「文は人なり」とは昔から言われてきたことですが、「自分史」講師を務めて十余年、いろいろな人のいろいろな文章を読めば読むほど、この言葉がまことに当を得た名言であることを実感します。

文章修業を積んできたベテランはベテランなりに、初心者は初心者なりに、書く文章は皆違います。

そして、どの文章も究極のところでは書き手その人を表現しています。もう一つ正確にいえば書き手の内面を、みごとに写し出しています。ものの見方・考え方から人格、感性、感覚、価値観、嗜好、右脳型か左脳型か……まで。

つまり、文章とは書き手の内面そのものの表現なのです。もし世の中に「文章占い」というようなものがあったら、それは多分、八卦や手相・人相、血液型による性格判断などよりはるかに高い確率をもって、その人の内面を当てることができるのではないか、と思うほどです。

このことを恋愛を例にとって考えてみましょう。

それぞれの歴史が刻まれた受講生たちの「自分史」

昔々、男女の恋の橋渡し役を果たした重要な小道具は「歌」であり、「文」つまりラブレターでありました。実際には会ったこともないような人から歌や恋文を贈られて、その人を好きになってしまう昔の男女を、今日、私たちは、なんて馬鹿な……会ってみなくちゃ何もわからないじゃん……と思ってしまいます。

しかし、ちょっと見方を変えて考えてみると、これは歌や文章によって表現された内面によって相手を判断するか、それとも会ってこの目で見た外面を主にした判断をとるか、の違いにすぎないのではないでしょうか。そして人間にとって、どちらの判断のほうが正しいかは、軽々には言えないものがあるように思います。カッコいいだけの男と結婚して内面の貧しさに失望したとか、会ったこともない長年のペンフレンドとの間に遠距離恋愛が成立して……といった話は、現在でも確かに存在するのですから。

話が少々それましたが、そういうわけで私も長いこと受講してくださっている生徒さんが書かれたものなら、たとえ名前がなくても文章を拝見しただけで、どなたの文章か、まず間違いなくわかります。そして私は、実はそうした文章こそ、「自分史」の文章としては「名文」なのだ、と信じてもいるのです。むろん上を見ればきりがなく、世の中にすばらしい名文は数限りなくあります。それらを読んで学ぶことは大いに結構ですが、さし当たって「自分史」を書くための「名文」の条件を一つだけあげろといわれたら、私は躊躇なく「その人らしさ」が表現されている文章と答えたいと思います。あなたの「自分史」を読んだ人が、「あ、あの人らしいな」と思ってくれたら、まず「文章」として、「自分史」として、成功と言ってよいのではないでしょうか。

最後に、そうした他の追随を許さぬ「名文」を駆使して個性的な「自分史」を完成した受講生たちの本をご紹介し、その一節を読んでみましょう。いずれも私の書架の一コーナーを飾る、思い出の一杯詰まった大事な宝物のような本です。

自伝

上谷順三さん『私の戦争と平和』

一　昭和二十年四月、特攻隊に編成された私たちは、満州第一六六七五部隊に転属を命ぜられた。

本隊は四平市近郊にあり、部隊長は笠村少佐であった。

私たちは同部隊の分屯地泉溝飛行場に移動した。四平市から四キロほど離れているが、出撃まで特攻訓練専用に使うためである。

翌日から訓練は始まった。飛行場の中央に軍艦大の模型を石灰で描き、高度千五百メートルから反転急降下して、体当たりする訓練であった。反転時期が早い、突入角度が浅い、機首引き上げが遅いなど、単純な操作なのに注意は毎日あった。飽きるほど同じ訓練が毎日続いた。退屈もした。隊長も同じ思いだったのか、ときたま私に空中戦を挑んできた。たいてい私が追われる機で、隊長は追う機の立場で空中戦は始まる。隊長機が、私の機の後についていつでも射撃できる姿勢をとる。そこから始まるのである。私がうまく隊長機を振りきって隊長機の後に回れば勝。振りきれなければ私の負けなのである。だから、戦闘技術をフルに活用して思う存分空中戦ができた。とても楽しい時間であった。

分屯隊で訓練中、同僚の森田軍曹が殉職した。離陸直後エンジンが不調になり、飛行場に引き返そうとして失速し、墜落転覆したものである。共に戦果を挙げることを誓った森田の事故に、同僚の私たちは現場に急行することは許されなかった。救援の人たちの手で遺体は収容された。四平市内の寺で部隊葬が行われた。壮途を目前にして倒れた森田は、さぞ無念であったろう。

「貴様の分まで戦果を挙げるからな」と、義烈隊員は森田の霊に誓った。

（軍人を目指して・8「満州第一六六七五部隊」より）

これは太平洋戦争の末期、陸軍軍曹だった上谷順三さんが特攻隊「義烈」の一員として満州で訓練を受けている最中、同僚の一人が殉職したときのことを書いた一節です。

上谷さんの自伝は最初のコンテの段階から、はっきり二部構成の大長編になることがわかっていました。その一部と二部の境界線は昭和二十年八月十五日の終戦で、その日までの上谷さんは特攻隊員として、ひたすら死に向かって生きてきました。どう死ぬか、だけが目標でした。それが終戦を境に、正反対の目標に変わったのです。今度は生に向かって生きなければなりません。それは上谷さんにとって初めての経験でした。何をどうしていいか、全くわからない。戸惑いと暗中模索の日々を経て懸命に生きる上谷さんの戦後が二部を大いに盛り上げます。

トルストイばりのタイトルを借りた、この自伝『私の戦争と平和』は、貴重な素材を緊張感に満ちた文章で書き通した底力が評価され、「自分史大賞」の優秀作品賞を受賞しました。

林賢治さん『人生出会い旅』

一方、同じ自伝でも、がらりと変わって林賢治さんの『人生出会い旅』の白眉は、夫人に先立たれた筆者が、嘆いてばかりはいられない、まだ残りの人生自分で責任を持たなければ……と決意し、猛然と再婚の相手探しを始めるくだり。知人に紹介を依頼してまわり、結婚相談所にも足を運び……と涙ぐましい努力を続けた結果、みごとに人も羨む好伴侶を得るという高齢再婚の成功物語。

紹介する人があって二人だけの見合いの後、博物館や美術館での何度かのデートの後、この人となら……と、林さんが心を決めるくだりの文章をご紹介しましょう。

四月下旬、墨田区両国にある江戸東京博物館に行く約束をし、両国駅で待ち合わせることにした。私は以前に一度行ったことがあるので、両国駅の東口出口で約束した時間に行き待っていたが、二十分、三十分待っても彼女は来ない。四十分くらい待ったころ、ひょっとすると場所を取り違えて博物館の方へ行って待っているのではないか、と思い行ってみたが、彼女の姿は見えない。当日は風が強く、春になったとはいっても寒い日だったので、喘息の持病のある身にはつらい思いであった。

かれこれ一時間半ばかり待って、その日は会うことをあきらめて帰宅した。家の玄関に入ったとたんに電話が鳴り、出てみると彼女の声で「本日はどうされましたか」と言う。こうこうで両国出口で一時間半待ったが、会えなかったので今帰ってきたところだと言うと、彼女の方も同じように待っていたという。何のことはない、話しているうちに、私は東口で待ち、彼女は西口で同じように相手が来ないと気をもんで待っていたことがわかった。お互いに博物館に行くには、こちらの出口だと勝手に思い込んで、一時間以上も待っていたことになる。彼女も時間はずれていたが、博物館まで行ってみたそうだ。どちらかがもう少し機転が効くか、要領がよければ駅の出口は一つだけでなく、反対側にもあることに気づき、何なく出会えたはずなのにと思うと、おかしさがこみ上げてきた。

しかし、この一件のお陰で、お互いに誠実に相手を辛抱強く待っていたことがよくわかった。私はひょっとすると、この人とならうまくやっていけるのではないかと、強く感じ始めていた。

（四十三「原田静江との再婚」より）

三輪田芳子さん『歳月――私の八十年』

筆者の三輪田芳子さんは、子女の教育一筋に生きてきた元・三輪田学園の校長先生です。したがって、この自伝には、教育者としての使命感や教育現場からの生の声が、一女性の知性の目覚めと成長の記録の間にちりばめられていますが、とりわけ仕事を持ちながら三人の男の子を育てた体験的教育論は「男の子を持つお母さん必読！」と、受講生仲間の合評会で絶賛されました。その一端をご紹介します。

私が母親となったとき、女学校時代の友人たちも、女高師時代の友人たちも、結婚を機に仕事を退いた人が大部分で、子どもが生まれるまで仕事を続けた人が少数いる程度だった。

その中で、母親になっても教員を続けていた人は、元気なご両親が子どもの面倒を一切引き受けてくださっている好条件の人だった。私はというと、社会的に活躍している義父母、山口県岩国市で、働いている妹の子どもの世話をしている実母、という状態で、子どもの世話を頼める家族はいない。しかも現在の勤務を退くことは、立場上不可能である。義父も八十歳となり、年ごとに責任が重くなる夫を支えるのは、私しかいない。できる限りの協力を約束してくれた夫と、機会あるごとに、息子たちのことについて話し合う毎日だった。

◎食生活

何はともあれ、子どもたちが健康でいてくれなくては安心して仕事に出かけられない。私はまず食生活に心をつかった。夫も私も幼いころから偏食がひどいため虚弱児だったので、好き嫌いをしない子どもに育てたいと考えたのだ。

(1)間食の時間を守る

離乳食を卒業したころから、おやつの菓子類をのせた銘々皿を入れた箱を、戸棚に入れておくことにした。お手伝いさんの分も同じ箱に入れ、一緒に食べてもらうことにした。これは、間食の時間と分量を守る上で大成功だった。兄弟三人だったことや、母親が家に居ないことが、よかったのかもしれない。この方法は小学生になってからも続き、夕食後に明日のおやつをみんなで相談しながら用意することが、子どもたちの楽しみとなった。

(2)成長に必要な食品を

はじめての食品は無理に食べさせようとしないで、私たちが「おいしい、おいしい」と食べて見せ、自分も食べてみたいと思う時が来るのを根気強く待った。

朝は出勤前であわただしいので、家族がくつろぐ夕食時に新しい食品を並べることにした。おやつのとき以外は間食をしないので、夕食のときは食欲があり、この計画はうまくいった。三人の中の一人が食べるようになれば、他の二人も自然に見ならうので、目的を達することができたのだった。

(3)みんな揃って食卓に

仲よく留守番をさせるには、早い者がちは争いのもとと思い、特に食べ物に関しては、和やかな雰囲気にするようにお手伝いさんに頼んだ。お手伝いさんも、私の希望をよく守ってくれたことは、ありがたかった。

◎かまい過ぎない

私は、女高師付属国民学校で低学年の児童から、いろいろと学ぶことが多かったのだが、世話のしすぎが、子どもの自信喪失につながることを知ったのも、そのひとつだった。私はそれぞれの息子が幼稚園を終えるまでに基本的な生活習慣を身につけるようにと思い、二人のお手伝いさんにも「おとなの都合で手伝うことがないように」と理由を説明して理解してもらうことに努めた。

それは、ひとりでできることは、時間がかかっても手伝わないで、ひとりでやり遂げさせる、ということである。最初に要領は教えるが、あとは自分自身にやらせ、やり遂げたら褒める、のくり返しである。子どもたちは、衣服の脱ぎ着や、遊んだ道具の後片づけなど、上手にできるようになった。

◎自分で決める

息子たちの年齢が近いからという理由で、三人を一括して私の考え通りに指図はしなかった。ひとりひとりが自分の方法を考えるように仕向けた。次にいくつかの例をあげてみる。

(1)就寝の時に脱いだ衣類

目標　①地震や火事が起こったときに、持ち出し易いように。

②翌朝、起きた時に着易いように。

それぞれの考えで、置き場所、たたみ方重ね方など実際にやってみては工夫をしているのは、ほほえましい風景だった。時にはシャツを裏返しに着たり、ズボンを後前にはいたりする失敗をしたが、失敗のたびに進歩するのだった。

(2)学用品の準備

小学校に通学するようになり、寝る前に机の上にランドセルを置くことにした。

目標　①忘れものをしないように。

②朝はきまった時間に家を出られるように。

これは三人三様であった。

・ランドセルの蓋の金具をあけておく。

・ランドセルの蓋の金具をしめておく。

・ランドセルの傍に必要品を全部並べておく。

私は目標が達せられるならば、それぞれの考えどおりにさせた。自分で考えたことは、都合が悪ければさらに工夫して改善することもできると考えたのであった。

(3)傘を持って行くか?

雨が降るかもしれないと思う日には、玄関に傘は出して置くが、持って行くかどうかは自分で決めさせた。私は仕事があるので傘を持って迎えには行けないのだ。

濡れてもよいと覚悟して出かけても、濡れてみると気持が悪い。一度失敗するとラジオの天気予報を聞いて決めるようになった。

息子たちが小学生の時代には、仕事を持っている母親は一学級に一、二名だった。それだけに「お母さんが勤めを持っていると駄目ね」と言われたくなかった。私はいろいろと工夫をし、自分の行動に責任を持つ子どもに育てたかった。

(十五、三人の息子を育てる/「私の子育て」より)

自分史エッセー集

山下正子さん『ホオズキ』

筆者の山下正子さんは根っからのお父さんっ子だったそうです。結婚し母親になった後までも、「父恋し」の思いが記憶の一番深いところにあって、そこからいくつものエッセーのテーマが湧き上ってくるらしい。汲んでも尽きぬそれらのテーマを一つずつすくい上げ、感性豊かな独自の文章で綴った短文を束ねて、亡き父に捧げるエッセー集『ホオズキ』が完成しました。

その中の最も短い一編を読んでみてください。

祭りの日に

夏の終わりの、暑さをおさえるような静かな雨の日、祭ばやしが遠く聞こえる。武蔵野の面影を残す、ここ国分寺一帯のお祭りらしい。

父の葬儀は、そんな日だった。

悲しみにくれている者もあれば、祭りにエネルギーを燃やす人達もある。うち沈む心にそぐわない太鼓の音を、ぼんやりと聞きながら、父への思いがめぐる。

「お父さんは、とてもお祭りが好きだった」と叔母から聞いたことがある。いつもの真面目人間が、お祭りの日には仕事を放り出して行ってしまうらしい。さすがやかまし屋のおじいさんも、その時ばっかりは黙っていたという。

父の思い出はつづく。「喧嘩が上手だったよ」と父の声。友達が喧嘩に負けそうになると、父に応援を頼みにくるのだという。父は、おじいさんにないしょで窓から飛び出して行ってしまうのだと、おもしろおかしく話している父の笑顔が見える。

父と心の中で対話をしているうちに、出棺の時となり、車が動き出した。少し走ると、威勢よくもまれている御輿の横合いに出くわして、車は止まった。

いったい、何ということ。どうなるのだろうと、時がときだけにびっくりした。

しかし、ふと私の脳裏をかすめたのは、ニコニコと杖をついて、好きだったお祭りを見物しながら天に昇ってゆく、そんな父の姿だった。

急にあたりが静かになった。「おや」と、そちらに目をやった。

何と!

その先達が御輿をとめて、父の車を通してくれているではないか。とまった御輿の合間をぬって父の車は進んだ。

お祭りの好きだった父が一生を終え御輿に送られていく。

その時の感謝と感動は終生忘れることが出来ない。

堀越由紀子さん『幼年時代』

自分史の中でも幼時から高校進学までのテーマだけを綴って、随筆集『幼年時代』を編んだのが堀越由紀子さんです。「もちろんそれ以後のことや結婚し母親になってからのことも、いずれ書きたいと思いますが、記憶としてはむしろ子供の頃のことのほうが鮮明で、テーマも自分の中で充分に熟成しているように思いますので……」とか。そう言うだけあって彼女の作品には、昭和一桁の人々がまだ幼かった頃の東京の風景や習慣が随所に描かれていて、同世代の人たちには懐かしいものを感じさせるに違いありません。そんな中から、当時の御茶の水界隈に材を得た一編をご披露します。

スコロホド

歩いて五分ぐらいのところにニコライ堂があることから、近所には白系ロシア人が大勢住んでいた。彼等は比較的粗末な家を借り、地味に暮らしていた。濃い顔立ちと体格のよさが人目をひいていた。近くの腕白どもは「ドシャ人のおじさん」などと呼びかけて、けっこう親しみを持っていた。

私の家の前に、日本の紳士服の仕立屋があった。そこへ、大きなロシア人が洋服をつくってもらいに来ていることがあった。

小柄な日本人の仕立屋のおじさんは、肩幅とか首回りを測るのに、踏み台を使っていた。ちょうど、踏み台の高さほどの背丈の差があるのだろう。そのまま漫画になりそうなユーモラスな図であった。

ロシア人の中にも仕立てを職業としている人はいたらしいが、その人たちの家では、デパートなどに卸す部分的な個所を分業で縫っているらしく、外から見るとカーテンのすき間から何台かのミシンが並んでみえるだけで、人の影はほとんどみえなかった。

「コッカー」という男の子をもつ夫妻がいて、たまに銭湯で会うことがあった。

そこで、日本の母子との違いをみることがしばしばあった。

親に叱言をいわれて腹をたて、母親にはむかっている男の子にお母さんがあやまっている。「ごめんなさい。あんたを怒らせたお母さんの叱り方が悪かった。もう何も言わないから、いい子にして」と、何故かぺったんこにタイルに手をついて子にお願いしている。

一方ロシア母子は、コッカーが少しでも悪いことをしたり口答えをしようものなら、ママは、桶に水をたっぷり汲んで、頭のてっぺんから一気に浴びせかける。金髪にいきなり冷水を浴びたコッカーは、ぶるるっと身ぶるいして、あっさり悪さをやめていた。

コッカーのお姉さんの「ナターシャ」は、十三歳だというが、身体も態度も日本人よりはるかに大人びていた。金の巻き毛は肩まであり、湯気にあたった肌は桜色に紅潮して、うぶ毛が軟らかく光っていた。ママの片腕のようなたくましさで、家庭でも、さぞかし女同士の強みを発揮しているであろうと想像出来た。

私のすぐ上に当たる四番目の兄が、ニコライ堂には、きっと秘密外貨の金銀財宝が埋められているに違いないと言い出して、小さなスコップを持って、お供させられたことがあった。そのころのニコライ堂は、門も自由に開閉ができて、礼拝堂の前面の長い石段は比較的ゆるやかで浅く段数が多いので、遊ぶことができた。庭を少し掘ってみても何も出ないらしく兄がスコップを手に、あちこち歩いているのを眺めながら、私は一人で「グー」を出したり「チョキ」を出したりして「グリコ」だの「チョコレイト」だのと言って上がったり下りたりして遊んでいた。

するとが静かにあいて、ロシア婦人が出てきた。その婦人は別に私たちを叱ることもしなかったが、私たちはあわてて、やめて帰ることにした。

聖橋を渡って、神田明神から本郷三丁目に通じる電車通りに立った。

この電車みちに沿って、ロシアケーキを造って売っているお店があった。ごくたまに、ここのロシアケーキが家のおやつに出ることがあって、珍しい香りは、たまにだから良かった。

年長の男の子たちの中に「あのおじさんはスパイなのだ」と言っている子がいたが、私はまさかと思っていた。悪そうな顔はしていなかった。むしろ童話に出てくる牧場のおじさん風であった。赤いチェックのシャツを着たキンダーブックにあるような服装のこのおじさんの名は「スコロホド」といった。

今、兄と立っている聖橋側から見ると、この小さなお店に、片仮名で「スコロホド」と書いた看板がかかっている。

兄が、「おお、わが助手よ。我々の今からの行動は、あの看板を、逆さまに読んだとおりに行なう。君、読んでごらん」と、まるでシャーロックホームズの口調で言った。私は片仮名は読めたので「ドホロコス(道路越す)」と大声で読んだ。

この道路から東大の正門の方まで規則正しく続く銀杏の街路樹が黄色く色づいていた。背の方から、夕方のニコライの鐘が聖橋を渡って聞こえてきていた。

水谷近子さん『鏡の中の雪』

水谷近子さんは医者から自分の病気について深刻な告知を受けたのが契機で、それまで書き散らしていた雑文を整理して作品に仕上げ、新しい作品も加えて本にすることを思い立ちました。それからは病人とは思えぬエネルギーを発揮して、講座に作品を次々に提出、あっという間に自分史エッセー集『鏡の中の雪』を上梓してしまいました。表題作は美容院の鏡に映った雪から二・二六事件のことを回想する秀逸な作品ですが、ここではお孫さんたちとの微笑ましい交流を描いた掌編をご紹介しましょう。病《や》む人とは思えぬ老いの日の至福の境地です。

孫たちの口車

すこしゆっくりしようかな、と気を抜いていると、二人の孫が持てるだけの本を抱えて、「おばあちゃん、ご本を読んで」とやってきた。孫たちは私が本を読んでやると、自分が登場人物になったように真剣に聞く。

一冊の本を読み終わると、急に力を抜いて溜め息をつく。「この人、かわいそうね」「この人、悪い人」「この人、どうしたの」と、しゃべり出す。

『ももたろうは、たからものをくるまにつんで、おじいさんとおばあさんのところへかえりました』「これでおわり。あとはママに読んでいただきましょう」と言うと、「おばあちゃんのほうがおじょうずなんだもん。もっと読んでちょうだい。ねえーいいでしょう」と、せがまれる。

孫にほめられて悪い気はしない。本を読むのは嫌いではない。もっと読んであげたいが、七冊の本を三回も読まされて、私は精が尽きてしまったのだ。「さあ、ママに読んでいただきなさい。ママが待っていますよ」と言って無理に自分たちの部屋に帰した。

孫たちに「おばあちゃんはおじょうず」なんて言われて、そうだ、朗読が得意だったのかもしれない。小学校四年生のとき、担任の先生に「ちかちゃんは本を読むのが上手だから、学芸会では国語の『牛飼い』を朗読してもらおう。間違わずに読めるよう練習してきなさい」と言われて、毎晩、家族の前で練習した。学芸会の当日は家族全員が学校に来て、私の朗読を聞いてくれた。その日、終わって家へ帰ると祖母が「今日は上手だったよ。聞いていた人みんなが、うまい、うまいとほめていたよ」と大変嬉しそうにしていた。

それから私は本を読むことが好きになり、毎晩、祖母に本を読んで聞かせることになった。尾崎紅葉の『金色夜叉』、吉屋信子の『花物語』、国木田独歩、吉川英治と手当たり次第に大人のものや子どもの童話を読んで聞かせた。

ある晩、『ノートルダムのせむし男』を読んでいるうちに自分がこわくなり、だんだん声が小さくなってしまった。祖母が「もう遅いから、またあした読んでくらっせ」と言った。本を伏せて枕元につるした十ワットの裸電球を消して寝たが、なかなか眠れなかった。

その後、小学校の教師になった私は四年生を担任した。体操の時間が雨で外に出られない時は、子供たちに本を読んであげることにしていた。ある雨の日、例によって野口英世の伝記を朗読してあげたところ、英世が手のやけどをしたくだりを読んでいると、教室の子どもたちの中からすすり泣きの声が聞こえてきた。私は一生懸命読んでいた。そのうち子どもたち全員が泣き出してしまった。今のようにテレビがあるわけでなく、ラジオも村に数台という時代で、子どもたちは私の朗読に魅了されてしまったらしい。

そのころの癖が今でも抜けきれない。孫たちに童話を読んでやるとき、大きな声で声色を使って読む。それが面白いらしく、孫たちは「ご本を読んで」と毎日毎日、本を抱えてやってくるのだ。

六十歳に手の届くようになった私は「おばあちゃんのほうがおじょうず」なんて言われると、四十年も前のことを心ひそかに誇らしく思い、ちょっと恥ずかしいが自分の得意なことって、やっぱり朗読かな、と孫たちの口車に乗っていい気持ちになっている。

おわりに

本書は平成九年（一九九七年）にＫＫベストセラーズから刊行した『「自分史」を書こう！』を底本とし、その後の社会状況の変化や受講生たちの作業の進捗状況等を勘案して大幅に加筆・修正したものです。

この十年余の間に「自分史」に対する人々の認識は大きく前進し、ひとつ自分も書いてみよう、と一念発起して取り組む人の数も年々増え続けてきました。それらの方々から、適切な指導書がないので、ぜひ……と、再版を望む声が多く、私の監修書『脳を活性化する自分史年表』の出版元である出窓社の矢熊晃氏に促されて今回の出版に至りました。

前著刊行の折にご著書からの引用を快諾してくださった三浦綾子さんは既に亡く、受講生の中にも、この間に亡くなられた方が数人おられます。私は特定の宗教を持ちませんが、親しくしていただいた方とは、また必ず次の世で会えると信じておりますので、本書は私にとって、いわばそうした先を急がれた方への手土産の書でもあります。
　長年に及んだ編集者生活のなごりで、締切りに追われないと原稿が仕上らない悪癖は、今回も出版元にご迷惑をおかけしてしまいましたが、辛抱強く待ってくださったことに感謝いたします。そして何よりも前著同様、未熟な講師の熱心な生徒になってくださったNHK文化センターや各地のカルチャーセンター、高齢者センター、生涯学習センターの多くの受講生の皆さん、あなた方の温かいご協力とご声援がなかったら本書の出版は実現しなかったでしょう。心からお礼を申し上げ、これからも楽しく、仲よく、自分史執筆のお手伝い役を果たしてゆきたいと思います。

藤田敬治

平成十八年初秋

藤田敬治（ふじた・けいじ）
1931年、福岡市生まれ。早稲田大学文学部卒業。
主婦の友社に入社し、以来、約30年にわたり雑誌「主婦の友」の編集に携わる。うち10年は編集長として活躍。無名時代の三浦綾子の応募原稿を発掘、作家デビューの一端を担う。その後、主婦の友社取締役・編集本部長として、読者の多様化に合わせた新雑誌を次々に創刊、軌道にのせる。また、石川文化事業財団で山本有三記念「路傍の石文学賞」「郷土文化賞」の運営に当たる。今日、「路傍の石文学賞」を受賞して活躍する作家には、灰谷健次郎、倉本聰、角野栄子、今江祥智、長田弘、神沢利子、三木卓、森絵都、江國香織、角田光代などがいる。
現在、読者から寄せられる山のような体験手記を選別・添削した編集経験を生かして、ＮＨＫ文化センターや各地のカルチャーセンター、高齢者センターで、「自分史」や「文章」講座の講師を務め、生涯学習の啓蒙・実践に力を尽くしている。著書に『自分史を書こう!』（ＫＫベストセラーズ刊）、監修書に『脳を活性化する自分史年表』『私と出会うための三代紀年表』（共に出窓社刊）などがある。

装丁　辻 聡
掲載写真　矢森義英/著者撮影

＊本書は『「自分史」を書こう！』（ＫＫベストセラーズ・1997年刊）を底本に、大幅に加筆・修正したものです。

DMD

出窓社は、未知なる世界へ張り出し
視野を広げ、生活に潤いと充足感を
もたらす好奇心の中継地をめざします。

「自分史」を書く喜び　書き方・まとめ方・味わい方

2006年11月17日　初版印刷
2006年11月28日　第1刷発行

著　者　藤田敬治
発行者　矢熊 晃
発行所　株式会社 出窓社
東京都武蔵野市吉祥寺南町 1-18-7-303　〒180-0003
電　話　0422-72-8752
ファクシミリ　0422-72-8754
振　替　00110-6-16880
印刷・製本　株式会社 シナノ

ISBN4-931178-58-8

出窓社◉話題の本